西村行功——●著

Scenario Thinking
シナリオ・シンキング

不確実な未来への「構え」を創る思考法

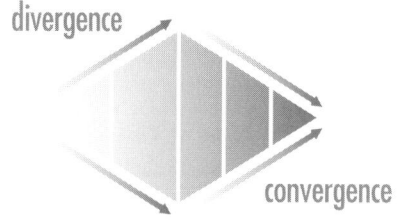

ダイヤモンド社

Scenario Thinking

シナリオ・シンキング

目次

序章 今、求められている「経営の構え」とは？　1

旧来の戦略パラダイムが通用しない時代 ……… 2
　──環境認識力が未来を決する
戦略寿命の短命化 ……… 4
　──戦略は「変わり続けるもの」となった
シナリオ・シンキング ……… 8
　──「その未来が来たらどうするか」を事前に考えておく企業が増えている

第1章 環境認識ツールとしてのシナリオ・プランニング　11

「認識」できないと「行動」できない ……… 12
メンタル・モデルを自覚する ……… 14
シナリオ・プランニングにおける「シナリオ」の定義 ……… 15
シナリオを考える四つの前提 ……… 16
　　未来予測は当たらない ……… 16
　　願望を強く持つと未来を読み違えてしまう ……… 19
　　戦略を「全て事前に準備する」ことはできない ……… 21
　　多様な意見を共有化することに意義がある ……… 22
未来のストーリーとしてのシナリオの事例 ……… 24

予測とシナリオの違い……… 26
「未来の記憶」効果……… 28
マネジメント・ツールとしてのシナリオ……… 30

第2章 意思決定の質を高める　31

第1節 効果的な意思決定のためのフレームワーク……… 32

QとAの組み合わせのタイミング……… 34
第1のステージ：フレーミング……… 34
第2のステージ：情報収集・分析……… 35
第3のステージ：意思決定……… 36
第4のステージ：意思決定結果の実行・フィードバック……… 38

第2節 Q（質）の向上……… 39

ロジカル・シンキング……… 39
演繹と帰納……… 39
因果関係……… 46

システム・シンキング……… 51
システム・シンキングの概要……… 51
システムの特性……… 59
市場の成長とSカーブ……… 60

オブジェクティブ・シンキング……… 64

　　　　限定的合理性と経験則……… 64
　　　　アンカリングの罠……… 66
　　　　フレーミング……… 67
　　　　「アウトサイド・イン」発想……… 73
　　　　メタ認知からシナリオ・シンキングへ……… 73

第3章 組織の納得性を高める方法　77

組織知の重要性……… 78
A（受容度）の向上……… 80
　　──組織全体で考え、変革していくためのステップ
認識の共有化・合意形成の「場」──ワークショップ……… 85
　　　　ワークショップとは何か……… 85
　　　　前提を議論する……… 88
　　　　発散と収束のプロセス……… 92
プロセス型リーダーシップ──ファシリテーター……… 94
　　　　リーダーシップスタイル……… 94
　　　　ファシリテーターの役割……… 95
効果的なコミュニケーション……… 98
　　　　ストーリーの重要性……… 98

第4章 シナリオを実際に作成する 103

帰納的思考法のハードルと
シナリオ・シンキングのステップ ……… 104

ステップ1：シナリオのフレームワークを決める ……… 106
シナリオのフレーム ……… 106
シナリオのフレーム：住宅シナリオ事例 ……… 108
情報の「棚卸し」フレーム ……… 109
情報の「棚卸し」フレーム：住宅シナリオ ……… 111

ステップ2：情報を「棚卸し」する ……… 112
「世の中」の変化動向 ……… 113
「世の中」の変化動向：住宅シナリオ ……… 117
ドライビング・フォース ……… 120
ドライビング・フォース：住宅シナリオ ……… 121

ステップ3：キー・ドライビング・フォースを見つける ……… 126
不確実性とトレンド ……… 126
不確実性とトレンド：住宅シナリオ ……… 130
インパクト ……… 132
インパクト：住宅シナリオ ……… 134

ステップ4：シナリオをつくる ……… 137
シナリオ・マトリクス ……… 137
シナリオ・マトリクス：住宅シナリオ ……… 139
支払い負担の大きさに関する感度分析 ……… 141
シナリオ・ストーリー ……… 143
シナリオ・ストーリー：住宅シナリオ ……… 144
ヒストリーマップ ……… 151
ヒストリーマップ：住宅シナリオ ……… 153

ステップ5：シナリオをウォッチする準備に入る ……… 155
まとめ ……… 158

第5章 組織の中でシナリオ・シンキングを実践する　161

プロジェクト・プランニング ……… 162
　　プロジェクト・スタート ……… 164
　　シナリオ・ワークショップに向けての準備段階 ……… 165
　　第1回シナリオ・ワークショップの開催 ……… 166
　　EWSのウォッチと不足情報のリサーチ ……… 167
　　第2回シナリオ・ワークショップの開催 ……… 168
シナリオ・ワークショップの運営 ……… 169
シナリオのコミュニケーション ……… 174
まとめ ……… 176

第6章 シナリオから戦略へ　179

シナリオの視点で戦略を検討する ……… 180
　　複眼思考と一貫性 ……… 180
　　プロジェクトの事例 ……… 186

競争優位を生み出す三つのフィット……… 189
戦略からオペレーション及び日常活動へ……… 194
まとめ……… 197

付章 ファシリテーションとプレゼンテーションの技術

199

ファシリテーションのプロセス……… 200
 「場」の設定……… 200
 ファシリテーションのコツ……… 200
 グループ・メモリー……… 202

プレゼンテーションをストーリー性あるものにする……… 203
 聞く人の認知限界に配慮する……… 203
 プレゼンテーションをストーリー化する……… 204

まとめ……… 207

あとがき……… 209

Scenario Thinking

序章

今、求められている「経営の構え」とは?

> この世で確かなものは、
> 税金と死だけだ。
> ——科学者・政治家　ベンジャミン・フランクリン

旧来の戦略パラダイムが通用しない時代──環境認識力が未来を決する

　不確実性の時代になったと言われて久しい。未来予測の多くは当たらず、我々を取り巻く環境は厳しくなり、企業経営はますます難しくなってきたと言われる。

　このような環境下でも、従来通りの戦略策定プロセスを踏襲し、未来予測とそれに対応する「唯一の戦略解」を探し続けている日本企業が多い。

　経営の環境変化が速いこのような時代に、経営者として、マネジャーとして、また一個人として、どのように対処していったらよいのだろうか。拙速に対処のハウツーを考える前に、どのような視点で「構えて」おけばよいのかをまず考える必要がある。その変化はマネジメントのハウツーのみでは対処できないからだ。シナリオを用いて考える思考法を、未来環境に対する「構え方」として提示し解説するのが、本書の目的である。

　「戦略パラダイム」とは、戦略の構築・実行に関する「考え方」を意味するが、具体的には、「環境認識」、「戦略策定」、「実行」という三つのステップからなる。この三つのステップは、昨今の環境の激変によってどう影響を受けたのだろうか。

　図0-1に示すように、1980年代頃までは、経営環境は比較的安定的に推移し、業界の「境界線」も明確で、その中での戦略の優劣が勝負を決めていた。例えば、ビール業界であれば、業界内の競合戦略や市場戦略、自社分析（いわゆる3C分析）を行い戦略を決めていたし、その構図は家電・金融など他の業界にも当てはめて考えることができた。そのようなパラダイムのもとでは、スタッフが戦略を策定し、その実行に関してはライン部門に任せ、短期経営計画や予算の実行状況を通じてモニタリングするという形が一般的であった。分析スキルを備えた新卒のMBAが米国企業のスタッフとして大量に採用され重宝されたのは、この頃のことである。日本でも、「戦略経営」が標榜され、多くの分析ツールが輸入・開発され、適用された。その後、「改善活動」を極めた日本

図 0-1 ● 今、求められている「経営の構え」

旧来のパラダイム

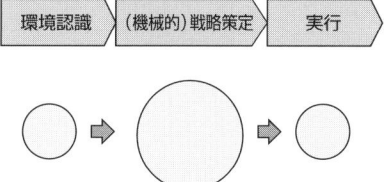

| 環境認識 | (機械的)戦略策定 | 実行 |

環境は比較的安定的に推移…

…顧客と競合及び自社の強み・弱みから戦略を策定…

…実行はライン部門に任せる。スタッフはモニタリングする。

どういう戦略を策定するかが、勝負を決めていた時代

今、必要とされているパラダイム

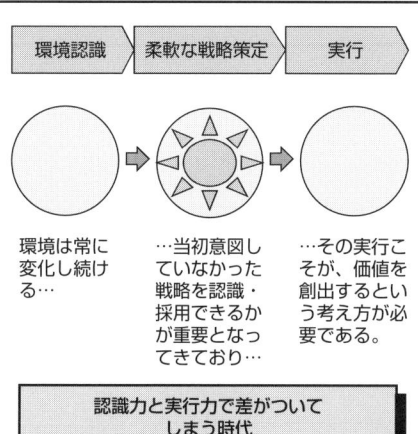

| 環境認識 | 柔軟な戦略策定 | 実行 |

環境は常に変化し続ける…

…当初意図していなかった戦略を認識・採用できるかが重要となってきており…

…その実行こそが、価値を創出するという考え方が必要である。

認識力と実行力で差がついてしまう時代

©Greenfield Consulting, Inc.

企業モデルの成功もあって、よりオペレーション寄りの戦略が重要視された時期がしばらく続いた。

　昨今の「不連続な変化の時代」にあっては、戦略やオペレーションはもちろんのこと、その前の段階の「環境認識力」と後の段階の「実行力」がより重要になってきている。環境認識力とは、「どのように『世の中』の変化をとらえるか」という能力のことであるし、実行力とは、「認識した環境変化をどのように実際に行動にまでつなげていくか」という能力のことである。この二つの能力は、一部のスタッフだけが長けていればすむ問題ではない。現場の最前線にいて「世の中の変化」を感じているライン、洞察と分析の中から企業の変革の必要性を感じているスタッフ、経営的見地から変化の先取りの必要性を体感している経営者、この三者全てが備えておかねばならない能力である。これらの能力を身につけ、皆で同じ「世界観」を共有しなければ、「認識」から「実行」までを成し遂げていくことはできない。

　なぜ、このような新たなパラダイムが必要となったのか。それは、戦略の寿命が短くなってきたからである。

戦略寿命の短命化──戦略は「変わり続けるもの」となった

　この世の中で不変のものは、唯一「変化が起きているという事実だけだ」と言われるようになった。しかも、その変化は加速している。この「変化スピードの加速」は、「不安定・不連続な環境」を企業にもたらした。

　1990年代後半のグローバルな経営環境及び戦略の状況を振り返り、この点を考えてみよう。「ニュー・エコノミー論」が華やかなりし98年から99年にかけて、業界の覇権を争ってグローバルな合従連衡がさかんに行われた。いわゆる「メガ・コンペティション」戦略である。

　図0-2に示されたような大型のM&Aは、どのような価値を生み出したのだろうか。大型M&Aを行った9社・10件（AOLは2件）を対象に、M&Aのアナウンス後の株価、合併後の最高値、2002年12月時点での株価を、株式分割や配当などの影響を受けないように調整して算出してみた。経済上の価値が

図0-2 ● 1998〜2000年：合従連衡を中心とした「グローバルメガ競争時代」へ

金融	・米シティコープ、米トラベラーズ・グループが新会社発足。世界最大の金融機関に。 ・独ドイツ銀行、米バンカーズ・トラスト買収発表。総資産世界最大に。
エネルギー	・英ブリティッシュ・ペトロリアム、米アモコ合併承認。石油世界第3位に。 ・米エクソン、米モービル買収合意。石油世界最大に。
自動車	・独ダイムラーベンツ、米クライスラー新会社発足。自動車世界第3位に。 ・米フォードがボルボを買収。
通信・コンピュータ	・米アメリカ・オンライン(AOL)、米ネットスケープコミュニケーションズ買収発表。 　　——世界最大のパソコン通信会社に。 ・米アメリカ・オンライン(AOL)、米タイムワーナーを吸収合併。 　　——世界最大のメディア会社を目指す。 ・英ボーダフォンが米エアタッチコミュニケーションズを買収。
医薬・食品	・独ヘキスト、仏ローヌ・プーラン（バイオ・医薬品部門）合併発表。 　　——アベンティス誕生。バイオ・医薬品世界最大級に。

©Greenfield Consulting, Inc.

株価という代替指標で表されると仮定し、今述べた三つの時間軸で比較してみると、合併からある程度時間が経過した2002年12月現在で、合併前の株価を上回ったのは9社中2社のみであった。この間、ネットバブルがはじけ株価が調整局面にあったことを考慮してS&P500の指数と比較してみると、S&Pを上回ったのが4社、下回ったのが5社であった。上位グループと下位グループの平均で比較すると図0-3のようになる。株価の最高値の時点（99年末〜2000年頃）では、S&P500の最高値を上回っていたことと考え合わせると、「山高ければ谷深し」というのが、この下位グループの特徴を表している。

このことは、合併の必然性や目的（過剰供給力の排除、コスト競争力の強化、市場の覇権獲得、増大する研究開発投資額への対応など）を否定するものではないが、「成功戦略」とされた戦略がその時の必要条件ではあっても、長期にわたって十分条件たりえないことを示している。

「戦略の推移を時間軸でとらえる」という視点で前述の株価の推移を考察すると、98〜99年頃の「メガ・コンペティション」戦略そのものの「有効期限」が2〜3年であったのではないかという仮説が立つ。ピークまでをその期限と

図0-3 ● 大型M&A その後の変遷：株価のパフォーマンス上位グループと下位グループの比較

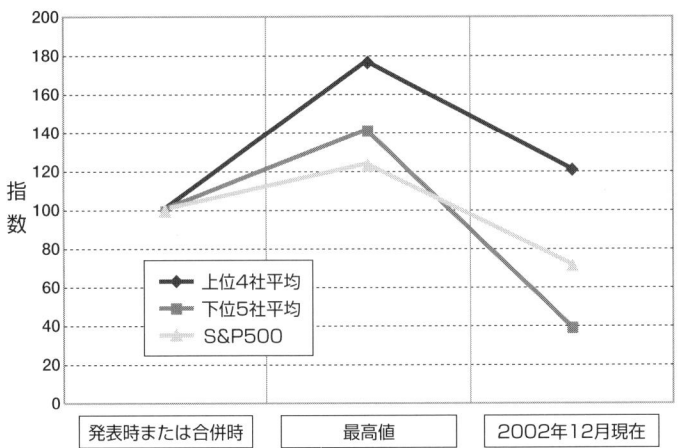

注）合併のアナウンス時の株価を100として指数化して算出。調整株価は、配当と株式分割の影響を受けないように算出

©Greenfield Consulting, Inc.

してとらえるならば、わずか1.5〜2年である。こちらの方が、経営者およびマネジャーの実感に沿った数値であろう。つまり、戦略の寿命がたった1.5〜2年程度にまで短くなってきているということだ。

日本企業の多くは、主に3年という時間軸で中期経営計画を策定している。しかし、この間ずっと戦略を固定したままにするという考え方は、もはや通用しなくなった。また、戦略の遂行という観点からも1.5年という数値は現実味を帯びてくる。ハーバード・ビジネス・スクールのジョン・コッター教授は、新しい戦略の遂行や企業の変革に際し、「6ヶ月から18ヶ月以内に期待通りの成果があがり、やる気を持続させてくれるような証拠が見えなければ、大半の人は、長く苦しい努力を続けたりはしない」と述べている。[*1]

では、常に1.5〜2年先を見た戦略だけを考えておけば十分かと言えば、む

[*1] *Leading change; an action plan for the world's foremost expert on business leadership*（邦訳『企業変革力』ジョン・P・コッター著、梅津祐良訳、日経BP社、2002年）

しろ、その逆というのが正しい答えだろう。変化の速い時代にあって、「長期的視点に立って時代の変化を読みつつ、短期間のうちに戦略を立案・遂行していく能力、それを繰り返していく能力」が今、求められているのであって、近視眼的な経営では、かえって右往左往を繰り返すばかりで、危ない橋を渡る結果を招いてしまう。また、「勝ち組と負け組間の格差の拡がり」がより進んでおり、「経営の舵取り」を誤れば市場からの撤退を突きつけられることが常態化してきている。

このような環境下でも「勝ち残る」ため、企業全体が長期的な「方向感」を持つとともに、短期的な変化の可能性を複数見つめつつ変化に柔軟に対応していくことが、今まさに求められているのである。

「環境は常に変化し続け、時に大きく不連続に動く。戦略の寿命は短くなり、当初考えていなかったような戦略も採用せざるをえない。しかも、その戦略を短期間のうちに組織の人々をうまく巻き込みつつ遂行・完了し、次の変化に備える必要がある」

——このような過酷な課題を現代の経営者は突きつけられている。

これは、個人にとっても同様である。「個人としてのキャリアをどう積めばよいのか。資産をどう形成しておくべきなのか。子供の教育をどのように考えていったらよいのか。親の面倒を見ることや自分たちの老後についてどのように準備しておけばよいのか」——我々を取り巻く「環境」の不確実性は無数に存在しているように見え、無力感に襲われるかもしれない。しかし、座して待つのではなく、「それらの環境要因が、どのような未来を自分達にもたらすのか」を真剣に検討し対処すべき時が来ている。

このような「未来に対する構え」としてのシナリオ的思考法を本書の中で明らかにしていきたい。詳しくはこれから述べていくが、シナリオ的思考法とは、未来を予知・予測するのではなく、「起こる可能性のある未来が実際に起こったらどうするのか」を事前に考え、意思決定力・判断力を高める思考法である。

「起こる可能性のある未来」のことをシナリオと呼ぶため、この一連の考え方をシナリオ・シンキング（思考法）と呼ぶこととする。

シナリオ・シンキング──
「その未来が来たらどうするか」を事前に考えておく企業が増えている

「起こる可能性のある複数の未来」（シナリオ）を描き、それを経営ツールとして採用していく考え方は、1970年代初頭に石油メジャーのロイヤル・ダッチ・シェルが開発したものである。同社は73年の石油危機をシナリオの一つとして事前に描き出し、その危機への対処を成功裡に成し遂げた。

当時の業界の「常識」では、石油の供給については「石油メジャーと呼ばれる大手各社がその実権を握っており、石油供給に関して、将来にわたる大きな問題は見当たらない」というのが、共通した見解であった。当時、それまで取り組んでいた長期予測がうまくいかなかったシェルは、戦況の成行きが一つに予測できない軍事において予行演習ツールとして使われていたシナリオ・プランニングの活用に新たに取り組み始めていた。シナリオを考えていく過程で彼らが気づいたことは、石油の供給に関して「産油国が実権を握る可能性」が生まれつつあったことであった。モータリゼーションなどによる需要の急拡大に対応するよりも、「原油価格を上げるか、産出量を縮小して供給をコントロールすること」が、産油国がとる行動として十分起こりうることにシェルのプランナーは気づいたのである。この業界常識を超えた「洞察」に基づいて、石油危機を含む六つのシナリオが描き出された。こうしたシナリオの考え方はすぐには社内に受け入れられなかったものの、最終的には広い支持を受け、グローバルに展開するオペレーティング会社各社に伝えられた。

同社は、「これらのシナリオは1975年頃から顕在化するであろう」と推察していたのだが、第一次中東戦争の勃発で、2年も早く六つのシナリオの一つである「石油危機シナリオ」が現実化したのである。シェルは、シナリオを使って「予行演習」できていたこともあり、石油精製キャパシティの拡大というそれまでの戦略を大きく転換し、この状況にうまく対応した。競合他社は、「環

境変化は一時的なもの」という態度で、それまでの戦略を踏襲し、結果、苦境に陥った。

こうした戦略転換が功を奏したことで、シェルはセブン・シスターズと呼ばれた石油メジャーの下位企業から、ナンバー２の企業へと大躍進を遂げたのである。

シェルの成功により、「シナリオ」を活用したプランニング手法は、新しい経営手法としてその後しばらく脚光を浴びた。しかし80年代以降、マネジメントの文献で「シナリオ」が取り扱われることは少なくなった。その背景には、「未来学者のような『専門家』がシナリオという形で未来像を発表し世に問う」形が多くあり、その結果、シナリオが予測と同じ意味だと誤って解釈されたことがあったようだ。

1990年代以降、シナリオを活用したプランニング手法・思考法は、「未来の予測」ではなく「不連続な変化を組織のメンバーの多くが体感・認識し、変化への適合力を身につける」という新たな位置づけで復活し欧米の企業の間に広まっていった。つまり、オーガニゼーション・ラーニング（組織学習）の一つのツールとして位置づけられ、採用する企業が増えていったのである。その主旨は、前述のように「未来をどう予測するか」ではなく、「その未来が来たらどうするか」である。

「未来は予測できない」という前提を受け入れ、そのうえで、起こる可能性のある未来を複数考える。このようなシナリオ・シンキング、シナリオ・プランニングを取り入れる企業が日本でも増えつつある。それらの企業は「環境の中には、企業１社の努力だけではコントロールできない影響因子が存在すること」を素直に受け入れている。例えば、日産自動車のカルロス・ゴーン社長は次のように語っている。

「経済が低迷、混迷している時、重要なのは最悪のシナリオを考えることだ。今年度スタートした新３カ年計画『日産180』では、実は為替レート１ドル＝100円、日本市場は５％落ち込むと想定している。日産にとって

最も悪いシナリオだが、それでも成長できるようにする」*2

　このように、最悪の環境も可能性の一つとして素直に受け入れるということは、「受身な経営」をすることとは全く異なる。むしろ、「素直に受け入れた」うえで主観的意志としての戦略を持つことが重要となる。それが、今、必要とされる経営の「構え」である。

　　「ただ、目標を途中で変えることはない。これは私の信念だ。経営者が社員や株主から信じてもらうには、目標がふらつくことが一番悪い。目標に疑いを持てば社員は実力を100%発揮しない」*3

　環境が激変する中で、どのように「構え」、どのように対処していったらよいのか。
　なにも悲観的になる必要はない。客観的に環境や未来を見つめ直す中から、新たな事業機会が実際に生まれ、主観的な意志が成果につながっていった例は枚挙に暇がない。
　リスクは、「受身になって受け入れざるをえないような『運命』」ではない。リスクによって選択肢（オプション）がより明確になる。そして、やるべきことの優先順位が見えてくる。問題は、それらのオプションをどうやって見つけ出すかである。その考え方について、これから話を進めたい。
　次の章では、環境に対する構えとしてのシナリオ・プランニングの概要を説明し、その後の章で、具体的なシナリオの思考法について解説を進める。

---

*2　日産自動車カルロス・ゴーン社長インタビュー記事（『日本経済新聞』2002年10月27日）
*3　前掲

Scenario Thinking

第 1 章

環境認識ツールとしての
シナリオ・プランニング

株価は永遠に高原状態を
続けるように思える。
——米国の経済学者　アービング・フィッシャー　1929年10月17日
（1週間後の10月24日に株は大暴落し、大恐慌が始まった）

「認識」できないと「行動」できない

　序章で述べたように、不確実性の時代にあって事業のリスクが高まり、「戦略の寿命」が短命化している。そのような変化にどのように対応していったらよいのだろうか。それに対する答えを導き出すことが本章の目的である。
　「対応する」ことは「行動する」ことであるが、その前にまず「認識する」必要がある。認識できないと行動できないからである。
　図1-1は1979年に南極上空から撮影されたオゾン層の写真である。この写真から見てわかるようにオゾン層に穴が開き、いわゆる「オゾンホール」が生まれている。このオゾンホールの存在は74年から指摘されていたのだが、長い間、NASA（アメリカ航空宇宙局）はその存在を否定していた。NASAが調査を怠っていたのではない。調査を行っていたにもかかわらず、その存在が認識できていなかったのだ。
　1985年にファーマンという科学者達によってこのオゾンホールが科学的に

図1-1 ● 南半球における1979年10月のオゾン全量の分布

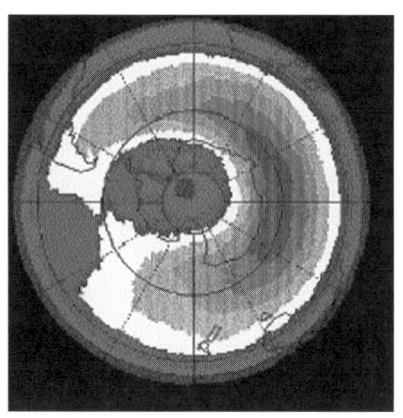

出所：気象庁データ(http://www.data.kishou.go.jp/)

©Greenfield Consulting, Inc.

図1-2 ● フロン排出量とオゾンホールの推移

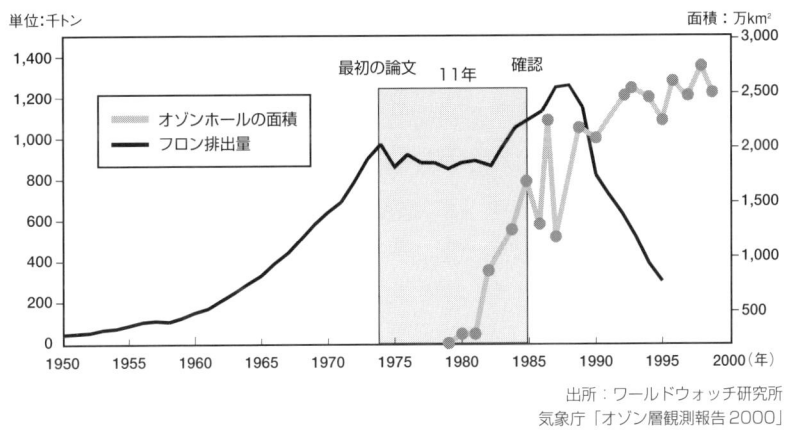

出所:ワールドウォッチ研究所
気象庁「オゾン層観測報告2000」

©Greenfield Consulting, Inc.

認識された。NASAはこの発表に驚愕し、再度自らの調査を精査した。そこでわかったことは、「調査当初から、オゾン層の破壊を示すデータは収集されていたにもかかわらず、そのようなデータが存在することが想定されていなかったため、そのデータ範囲についてはエラーとして扱われるようにプログラミングされていた」ことだった。つまり、そこに介在した人間の手によってデータがエラー値としてはじかれていたのだ。NASAがもう一度、保存されていたオリジナルデータを精査したところ、調査当初からオゾンホールが存在していたことが確認された。[*1]

1974年の最初の指摘から、85年の確認まで、結局11年間を要した。その間、オゾンホールの原因とされるフロンの排出量はどのように推移したのだろうか。図1-2にあるように、74年まで急伸していたフロンの排出量は多少落ちついたように見える。しかし、オゾンホールの確認という「合意形成」ができなかったため、一部の事業者のみが不利をこうむるなどの批判が起こり、85年にか

---

*1 *Business Dynamics*, John D.Sterman, Irwin McGraw-Hill, 2000

けて、フロンの排出量は再び上昇傾向に向かった。結局、「認識」が共有化され、合意形成ができて削減に向かったのは、最初の指摘から15年が経過した89年だった。この認識の「遅れ」はさらに深刻な影響をもたらすことになった。オゾンホールはフロンの排出がなくなればすぐに減っていくわけではない。図1-2からわかるように、フロンの排出は減少を続けているものの、オゾンホールは拡大を続けている。15年の遅れは、そこからさらに10年以上を経過した現在でも影響を与え続けている。

メンタル・モデルを自覚する

　オゾンホールの例からもわかるように、我々が情報やデータを処理する時には、その処理過程で各人が固有に持つ「モノの見方」を使っている。この「モノの見方」をメンタル・モデル（個人が固定的に持っている世界観）と呼ぶ。外界や「世の中」の事象を認識したり、理解するにあたって、我々は「メンタル・モデル」という名前の眼鏡をかけているということだ。その「眼鏡から見える世界」を我々は「本当の世界」であると感じ、その「世界」を前提として、予測をしたり、計画を立てたり、行動を起こしたりする。

　メンタル・モデルにより、情報の処理過程が一般化される。そのため、新しい情報・データや現象に直面した時に、いちいち「ゼロベース」から考える必要がなくなる。これまでのモデルを活用して考えれば、処理過程は簡素化される。しかし、メンタル・モデルが強固であると、本来は「ゼロベース」で発想しなければならない局面でも、旧来の発想で状況を認識してしまう。これが前述のオゾンホールの例で起きたことである。NASAのプログラマーは「データ範囲」について強固なメンタル・モデルを持っていたため、その範囲を越えた値をエラーとして処理したわけである。

　不確実な環境に直面し、リスクの高い状況下での意思決定をせまられているマネジャーにとって、まず「自分のメンタル・モデルとは何か」を意識することが重要である。ひらたく言うと、環境認識をするにあたって、

- 自分は特定の眼鏡をかけて世の中を見ていないか

- 自分のかけている眼鏡は何か
- 他に考えられる眼鏡はどのようなものだろうか

について、自問自答してみる必要があるということだ。

シナリオ・プランニングにおける「シナリオ」の定義

　環境認識についてのツールの一つであるシナリオ・プランニングでは、「シナリオ」という言葉は「環境についてのストーリー」という意味で使われる。「戦略シナリオ」や「日本再生のシナリオ」など、「我々はこうすべき」あるいは「我々はこうしたい」ということにシナリオという言葉が使われることもあるようだが、シナリオ・プランニングでは「環境」と「我々」とを分けて考える。

　「環境についてのストーリー（特に未来についてのストーリー）」をシナリオと呼び、「我々はこうしたい」を単純に「戦略」と呼ぶ。その理由は、十分にメンタル・モデルを意識したうえで、客観的にとらえる必要のある「環境」と主観的な意志の表出である「戦略」を分けたいからである。この点は非常に重要で、環境と戦略を分けることが不十分だと、環境認識に主観が入り込み、手前勝手な「環境認識と戦略」が「シナリオ」化されてしまう。「オゾンホールなど存在しない」ことを前提に戦略及び行動計画が立てられてしまうのである。

　また、シナリオは一つであっても意味がない。つまり、シナリオは単なる未来予測とも異なる。この後、詳しく述べるが、不確実な環境にあって「唯一」のシナリオを「客観的」だと言ってみても信頼性は低いであろう。客観的に考えれば考えるほど、未来を一つに予測するのは難しく、ある幅を持って複数の未来像に帰結するはずである。

　つまり、シナリオとは「起こりうる未来環境についての複数のストーリー」のことを指す。

シナリオを考える四つの前提

　シナリオはなぜ、一つではいけないのか。一つであれば、それに対応する戦略も立てやすく対処しやすい。しかし一方、一つのシナリオだけを考えるということは、言い換えれば未来予測をしているということである。

◉ 未来予測は当たらない
「世の中」についてその未来を一つに予測できれば、見通しも明らかで戦略策定も難しくはないだろう。しかし、歴史が示すように未来を予測したり、予言したりすることは、次に示されているように簡単なことではない。

「蓄音機の発明は何のビジネス・チャンスも生み出さないだろう」
　　　　　　　　　　　　　——1880年、トーマス・エジソンが語った言葉

「世界中でのコンピュータ需要はせいぜい5台程度であろう」
　　　　　　　　　　　——1943年、IBMのトーマス・ワトソンが語った言葉

「現在のENIAC（電子計算機）は、1万8000個の真空管を使い、30トンもの重さであるが、将来のコンピュータは、たった1000個の真空管から構成され、重さもわずか1.5トン程度であろう」
　　　　　　　　　　　——1949年、Popular Mechanicsが掲載した言葉

「すでに50車種以上の輸入車がひしめき合う米国市場で、日本車が大きなシェアを占めることはないだろう」
　　　　　——1968年、『ビジネス・ウィーク』が日本車の市場参入にあたって掲載した言葉

「個人が家庭でコンピュータを使う理由など、どこにも見当たらない」
　　　　　　　　　　　　——1977年、DECのケン・オルセンが語った言葉

出所：The Experts Speak, Christopher Cerf and Victor S. Navasky, Villard Books, 1998

　この中で、「現在のENIAC（電子計算機）は1万8000個の真空管を使い、30トンもの重さであるが、将来のコンピュータは、たった1000個の真空管から構成され、重さもわずか1.5トン程度であろう」との記述があるが、「過去の

図1-3 ● 携帯電話の国内市場規模：三つの予測（1991〜2000年）

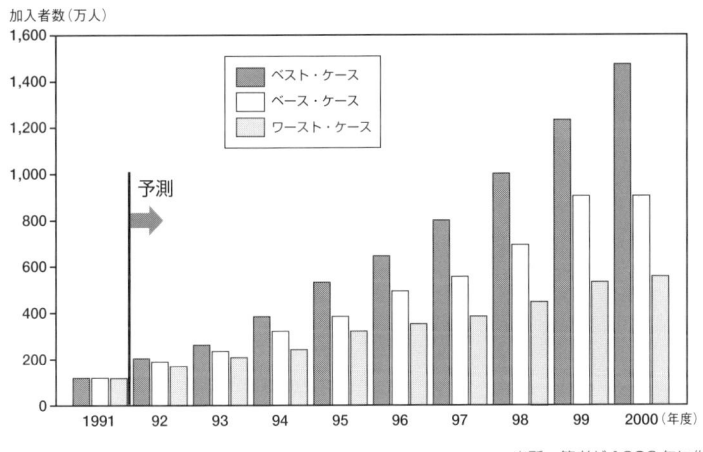

出所：筆者が1992年に作成

©Greenfield Consulting, Inc.

延長線上」で考えるクセを持ってしまうとこのように考えがちになる。

また、他の例では、発明者自身、開発者自身が予測できなかった例が示されている。これらの例は全て古いものであり、情報が簡単に入手できる今日では事情が違うという反論もあるかもしれない。

しかし、次の例はどうだろうか。

● 携帯電話の国内市場規模は2000年で約1000万台程度

これは1992〜93年当時、いくつかのシンクタンクが示していた予測値である。当時は、携帯電話の端末はレンタル制となっていて、キャリア系ショップで契約を行い、端末を借りる必要があった。回線料は月に1万6000円程度、通話料は毎分80円程度であった。各地域内での競争はNTTドコモとセルラーまたはIDOの2社間競争であった。この状況は、94年4月の端末販売自由化（レンタルから買い取り制へ）と、各地域4社競争により一変した。この

1000万台という予測数値はその状況の変化を前提として作られたものであった。当時の普及台数が180万台程度だったことから考えると、それでも、この1000万台という数値はずいぶん大胆な数値であった。

実際、「価格の低下予測」と「他国の浸透度（米国、北欧）」を独立変数、「日本の普及台数」を従属変数として重回帰分析を行い、予測数値を算出すると、図1-3にあるように600〜1400万台程度となり、1000万台がその中央値となる。

このように「入手可能な情報」を使い統計予測式を立てても、実際の2000年の数値「5000万台」は出てこない。何を見誤ったのだろうか。

キャリアのボリュームリベートを背景に端末機器の価格が予測を上回るスピードで低下したことも一因と考えられる。しかし、もっと大きいのは、ユーザー層についての見誤りであろう。これほどまでに若者達が携帯を持つとは、当時想像もされていなかった。他国を見ても、そのような予測は生まれてこなかったのである。日本での若者層への浸透に貢献した要因の一つが「若者の可処分所得の高さ」であると言われている。つまり、「若者が金を持ち自分で携帯を自由に持っている国」が当時全く想像できなかったのだ。

> ……世界的にみて珍しいのは、欧米では、若者は貧困の象徴だからである。失業率は高く、収入は低く、子育て負担もあり、カップルで、またはひとりで必死に子育てをしながら、なんとか生活しているのが、欧米の若者の姿なのだ。
> 現代日本で、20歳代の若者がなぜ豊かかといえば、結婚せずに親と同居している若者が多いからである。……（中略）……20歳代首都圏未婚社会人の月平均小遣い額は、男性7万円、女性8万円である。10万円以上と回答した女性は4割に達するのだ（『若者の現在98年版』日本産業消費研究所、1998年）。それだけあれば、ブランドものでも車でも、気に入ったものが買えるにちがいない。[*2]

---

*2 『家族というリスク』山田昌弘、勁草書房、2001年

図1-4 ● 出生率の推計と実績

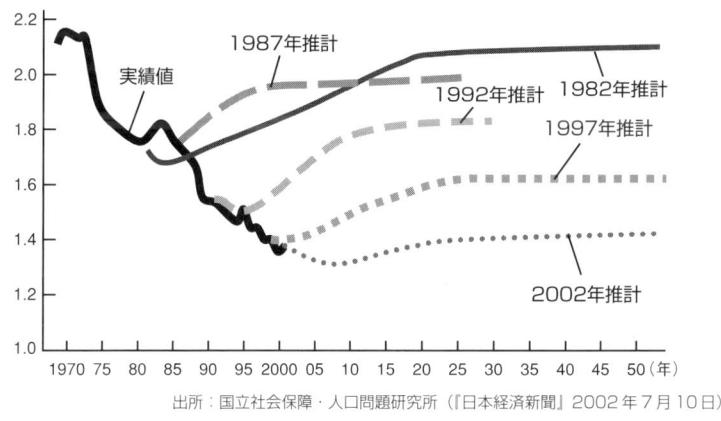

出所：国立社会保障・人口問題研究所（『日本経済新聞』2002年7月10日）

©Greenfield Consulting, Inc.

　つまり、予測の間違いは入手可能情報の可否にあるのではなく、何を前提なり、要因と考えて予測を立てるか、その考え方に起因すると言えるだろう。しかし、それでも「唯一の予測」を立てることは難しい。

● 願望を強く持つと未来を読み違えてしまう

　当たる予測を立てるのは難しい。しかし、それ以上に予測を立てる心理は罠にはまりやすい。一つは、予測には、そうあってほしいという「願望」が入り込む。ベンチャー企業でビジネス・プランを作成するにあたり、将来の売上の停滞や減少を予測することはないだろう。当然、売上は右肩上がりに描かれやすくなる。この時、前提となる業界の成長も同様に右肩上がりに描かれる（そうでない時は自社のマーケット・シェアが拡大し続ける時だけである）。
「我々は成長したい」という願望は「業界・市場は成長する」という希望的観測につながる。唯一立てられるその予測には、「そうならない場合のリスク」が入り込む余地はなくなり、願望が反映される。これが一般的な姿ではないだろうか。競争力の喪失や業績の悪化に苦しむ事業の事業計画に時折見られる

図 1-5 ● 道路公団の負債の未償還残高予測

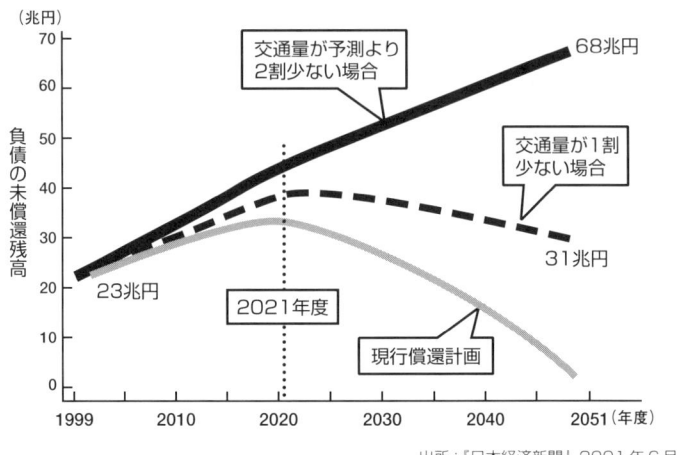

©Greenfield Consulting, Inc.

「V字回復型の計画」も「市場のV字回復」を前提としていることが多い。

（図1-4は日本の出生率の推計と実績である。年々低下しつつも、将来は回復する予測となっている。これにも「願望」が込められているのであろうか？）

　予測が比較的「願望通り」のものであると、それがはずれた時のリスクの程度について考えることは少なくなる。図1-5は、道路公団の負債の未償還残高予測であるが、現行の償還計画が「心地よい」ものである以上、交通量が10％、20％少ないケースについて考えることは「心地悪い」ものとなる。しかし、この「変数の感度」を無視するとツケも大きいものとなる。客観的に考えたいと思うのであれば、つい固執しがちになる「唯一の予測」という心理的呪縛から離れることが重要である。

　思考法の一つであるクリティカル・シンキングに「究極的帰属錯誤」という言葉がある。これは、成功や失敗の原因をどう考えるかについて、陥りやすい「心理的罠」について述べたものである。人間は自分が成功した時には、自分

の実力だと信じ、他人が成功した時には環境が良かったのだと信じる一方、自分が失敗した時には、環境が悪くなったからだと信じ、他人が失敗した時には、その人の実力不足だと信じるという。

このように自分に都合よく原因を決めてしまうことを「究極的帰属錯誤」というのである。[*3] インターネットの普及をビジネス・チャンスと見て参入した事業者が、他社の成功を「ブームにうまく乗れたからだ」と指摘し、自社の失敗を「ITバブルは誰も予測できなかった」と言うのと同じである。原因の一部は正しいものかもしれないが、失敗や自分の見通しの甘さを環境のせいにしてばかりいたのでは、不確実性の時代に勝者となることはできない。願望や希望的観測をいったん横に置いて、できるだけ客観的に考える努力が今求められている。

● 戦略を「全て事前に準備する」ことはできない

環境の変化が激しい今日、旧来型の戦略プランニングのフレームワークはもはや使えない。「旧来型」とは、全ての情報を時間をかけて分析し、戦略を事前準備し、後は粛々と実行するというものである。今の時代には、情報を分析し戦略を策定している間に新たな環境変化が生まれ、当初想定していた前提にズレが生じてくる。分析や策定に時間をかける、中期経営計画の策定などにおいては特にそうである。

重要なのは、分析・戦略策定した結果の「事前準備された戦略の質」ではなく、前提からのズレの環境変化を吸収しつつ生まれてきた「結果的に取らざるをえない戦略の質」である。このような戦略を「創発型戦略」と呼ぶが、このような戦略が「生まれ出る」ためには、「環境の変化への敏感度の高さ」と「戦略変更を許容し、対応しうる企業体質」が必要である。

戦略の変更を機敏に行うことは、一見、朝令暮改と取られてしまいがちである。環境の変化に対応した戦略の変更を組織全体がポジティブなものとらえ

---

*3 『クリティカルシンキング 入門篇』E・B・ゼックミスタ/J・E・ジョンソン著、宮本博章他訳、北大路書房、1996年

図1-6 ● 2002年の南アフリカシナリオ──1992年に策定

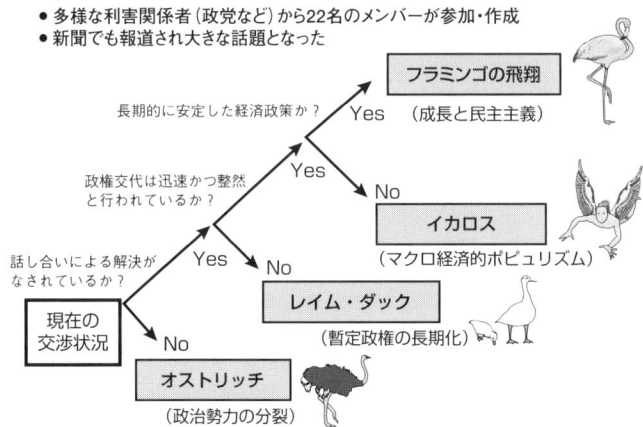

出所:『シナリオ・プランニング』キース・ヴァン・デル・ハイデン著、西村行功訳、グロービス監訳、ダイヤモンド社、1998年

©Greenfield Consulting, Inc.

て行動していくためには、組織の構成員が「皆で同じ変化を見つめ、正しい戦略を案出し実行していく」一連の活動が必要となる。つまり、環境の変化を反映したシナリオは、経営トップが一方的につくるのではなく、多くの人々が参画するプロセスから生み出される必要がある。

● 多様な意見を共有化することに意義がある

「正しい戦略」を生み出すにあたり、まずは、前述のように多くの人々が参画し、意見や各自のメンタル・モデルを共有する必要がある。シナリオの考え方においては、客観的に環境をとらえることが重要であることは前に述べた。しかし一方、「地方の未来」などのように、多くの利害関係者が協力することで主観的な意志を持って未来を形成していくことができる時、この参画と共有というプロセスがより重要となる。

1992年にポスト・アパルトヘイトに向け「2002年の南アフリカシナリオ」が、南アフリカの多様な利害関係者22名の参画によって策定された。ここでは、

図1-6にあるように「現在の状況」から最も理想的な「フラミンゴの飛翔」にどうやって到達できるかが議論された。議論による解決がなされなければ、政治勢力の分裂を表す「オストリッチ」シナリオにとどまり、政権交代が迅速かつ整然と行われなければ、暫定政権の長期化を表す「レイム・ダック」シナリオになる。それら二つを乗り越えても、長期的に安定しうる経済政策がとられなければ、大衆迎合的な「イカロス」シナリオ[*4]で、いずれは破綻してしまう。

それらのいくつかのハードルを乗り越えて、初めて成長と民主主義が実現される理想的な「フラミンゴの飛翔」シナリオに到達することができる。

ここでは、乗り越えるべき三つのハードル（話し合いによる解決、政権交代、経済政策）が明確に示され、関係者間で共有化されたことにより、理想的なシナリオに向けて何をすべきかの合意形成がなされた。合意形成を主目的としたシナリオの活用法の良い事例である。「地方の未来」や「国の未来」などのように主観的意志が反映されやすい公共のシナリオでなくても、客観的なシナリオ構築プロセスにおいて、シナリオを策定する人々のメンタル・モデルを共有化するために多様な意見を共有化することには意義がある。

以上述べたように四つのポイント、すなわち、
- 未来予測はあたらない
- 願望を強く持つと未来を読み違えてしまう
- 戦略を「全て事前に準備する」ことはできない
- 多様な意見を共有化することに意義がある

を考慮すると、予測型ではない複数のシナリオの必要性及び、多数の参加者のメンタル・モデルが反映された多様性あるシナリオの必要性が理解できるのではないだろうか。すなわち、視野を常に広く持ち、いくつかの可能性（シナリオ）を考え続ける必要性である。

[*4] イカロスはギリシャ神話に出てくる若者の名前。蠟の翼でクレタ島から脱出するが、高く飛びすぎて太陽の熱で翼の蠟が溶け、海に落ちて命を失った。やり過ぎがかえって仇となることのたとえ。

未来のストーリーとしてのシナリオの事例

前述の四つのポイントを考慮したうえで、描かれるシナリオはどのようなものであろうか。

図1-7に「パーソナル・ファイナンス市場」シナリオの例を示す。2×2の単純なマトリクスで区切られた四つのシナリオである。「世界経済が活況か停滞か」「利用者のファイナンスへのニーズ動向が、ワンストップ・ショッピング志向かトランザクション志向か」の2軸によって「ワンストップ・ファイナ

図1-7 ● パーソナル・ファイナンス市場:四つのシナリオ

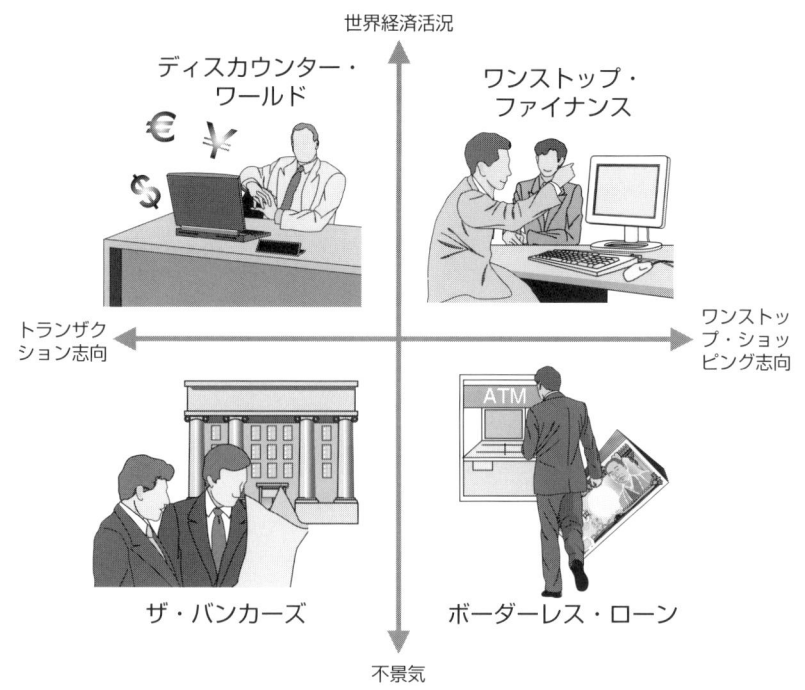

©Greenfield Consulting, Inc.

ンス」から「ザ・バンカーズ」まで四つのシナリオが示されている。

　例えば、「もし、世界経済が活況を呈し、利用者のニーズ動向がワンストップ・ショッピング志向に傾くと、『ワンストップ・ファイナンス』シナリオが現れる」ということになる。ワンストップ・ショッピング志向は、利用者が、金融商品ごとに金融事業者を使い分けるのではなく、一つの事業者と付き合うということである。事業者は利用者の「良き相談相手」となる。金融事業者のメガ化・グループ化、提供される金融商品の品揃えの拡大、複数の事業者と付き合う手間の削減（背景には余暇時間の拡大志向がある）などの要因を背景に、この志向性が色濃く出てくる可能性がある。

　その対極には、金融商品ごとに付き合う先を変えるトランザクション志向がある。オンライン事業者（ネット証券など）が興隆する世界である。インターネットの普及によるトランザクション・コストの低下、プライバシー意識・セキュリティ意識の高まりによる分散志向、「賢い消費者」の台頭による自己責任に基づく選択などの要因を背景に、こちらの志向性が色濃くなる可能性も否定できない。そのような意味で、利用者のニーズ動向は「不確実」である。しかも、どちらの側面が色濃く出るかによって、パーソナル・ファイナンス市場の構図が大きく変わってくる。このように「重要度の高い不確実性」の現れ方ごとに異なる「世界」が現れる。それぞれの世界がシナリオである。

　「世界」が成り立つためには、その世界のさまざまな構成要素の現れ方（社会、経済、政治、規則、技術など）に一貫性がなければならない。一貫性があれば、それは一つの物語（ストーリー）となる。このストーリーがシナリオの語源である。従って前述の四つのシナリオについても、それぞれにストーリーが存在する。例えば、「ディスカウンター・ワールド」についてのシナリオのストーリーは次のようになる。

　　200X年、パーソナル・ファイナンス市場は活況を呈していた。21世紀が明けて始まった日本の構造改革は成功裡に完了し、アジアの経済も好転してきた。最も心配された米国の景気も、治安の回復と大型減税を中心とする刺激策でプラス成長に転じるようになった。先進諸国でのベビーブー

マー層からの金融市場への資金流入はこの5年でも大幅に増加してきた。結果、金融市場は安定し、経済も安定するといった好循環が生まれていた。

　先進諸国では少子化が進むなか、教育の意義が見直され、各国とも知識社会の覇権を狙って、教育への投資が熱心になされている。また、個人の価値観も多様化し、商品選択などの「眼」も鋭さを増してきた。今や、先端のテクノロジーを駆使して、自分のニーズに合った金融商品を選び出すことが非常に簡単な時代になった。プライバシーを重要視する消費者達はインターネットの普及で急激に低下したトランザクション・コストを最大限に活用し、自ら商品を選択するようになっている。各金融事業者の強み・弱みを認識しつつ、付き合い方も選択的である。また、このような消費者は情報の感度が高く、教育・地球環境・ヘルスケアなどへの関心が非常に高いことでも知られていた。

　それらの層を支援するために、政府も規制緩和を大胆に実行し、また消費者教育などに力を入れてきた。このような現象は世界の先進国に共通して見られ、一つの大きな潮流となっている。企業間の競争は、ますます激化しているが、これから少数の企業に収斂されていくのかどうかは、いまだ不透明な状況にあった。

予測とシナリオの違い

　従来の「予測」は世の中の方向性、すなわちトレンドに注目する。「インターネットが世界を変える」「燃料電池が広く普及する」「放送と通信が融合する」などのトレンドをベースにそれがどのように世界を変えていくのかに注目し、その着地点を「予測」として記述するものである。現状及びトレンドの傾向は比較的簡単に数値化できるため、予測は「予測式」として数量モデル化が可能である。トレンドの傾向の度合いによって、変数を上下させる感度分析を行うことはできるが、基本的には「ベースケース」として示されたものを中心に考える。そのような意味で、予測ははずれた時のリスクを中心に考えるものではなく、トレンドの着地点を中心としたものだと言える。

一方で、シナリオは、トレンドと不確実性の両方に着目する。パーソナル・ファイナンス市場シナリオの例で言えば、「世界経済の動向」と「利用者のパーソナル・ファイナンス・ニーズについての動向」が不確実性である。トレンドは、「グローバル化の進展」「インターネット、ITの進展・浸透」「余暇時間の拡大志向」「プライバシー・セキュリティ志向」などで、全てのシナリオに共通にインパクトを与えるものである。不確実性に着目することで、その不確実性ごとにいくつかの異なるシナリオが現れる。着地点を一つに予測するのではなく、複数のシナリオを「世界」として描き、ストーリーを記述する。予測の時には忘れられがちな広範囲な要素を考慮する。

　現状とトレンドの傾向から組み立てる予測とは異なり、広範囲な要素から組み立てるため、「それらの要素がそれぞれにどう関係し合っているのか、どういう因果関係でその『世界』に至るのか」がまず論点となる。従って、因果関係を中心とした定性的な分析が考え方の中心となる。そのような因果関係の中に、不確実な要素が織り込まれているので、不確実性の現れ方ごとに、全く違った世界が複数描かれることになる。シナリオは、不確実性というリスクを考慮した未来考察の方法なのである。

　トレンドをベースとした感度分析の結果を「ベストケース・シナリオ」「ベースケース・シナリオ」「ワーストケース・シナリオ」とし、それぞれにシナリオの発生する確率を当てはめる考え方もあるが、これもシナリオ・プランニングで扱うシナリオではない（図1-3の三つの予測はこの「シナリオの誤用」である）。

　その理由は、第一に、感度分析では全てのシナリオでシナリオの発生を規定する要因（変数）が共通である。シナリオごとに異なるのは変数の程度である。これでは、真の「不確実性」を織り込んでいることにはならない。ベストケースとワーストケースでは、ベースケース・シナリオの変動幅を示しているにすぎないからだ。また、確率を当てはめる考え方も同様で、ベースケース・シナリオを中心として変動幅の確率を決めている。確率で示されると、人間は確率の低いものには注目しなくなる。確率の高いものを中心に考え、他のものは無

視する傾向がある。これでは、リスクの意味を考えつつ複数のシナリオを考えていることにはならない。これが第二の理由である。全てを定量的にとらえようとすると、考えが固定化してしまいがちになる。このことについては次のような指摘もある。

> 投資意思決定に際して、新規市場に参入する前に、市場の規模の数値化や財務的リターンを求めすぎる企業は、技術の変化が不連続なケースでは深刻な過ちをおかす。[*5]

まとめると、シナリオとは、
- 未来についての予測
- トレンドから導かれ、確率で示された複数の予測(ベストケース・シナリオ、ベースケース・シナリオ、ワーストケース・シナリオ)

ではなく、
- 不確実性に着目して、未来について描いた「複数の世界」

ということになる。確率を当てはめて絞り込むのではなく、まずは「どれも起こりうる」という前提で、それぞれの世界をつぶさに見ていく。それは、絞り込むことでなく、視野を拡大し続けることがシナリオの提供する価値だからである。

「未来の記憶」効果

「未来が不確実であれば、その発生要因を規定する要因もさまざまであるはずだ。単純化した四つのシナリオに収まるということにはならないのではないか」。こう考えられる読者もいるだろう。この疑問には、二つの視点で答えたい。
　一つ目は、「シナリオを策定する目的は何か」ということである。前述のよ

[*5] The Innovator's dilemma: when new technologies cause great firms to fail(邦訳『イノベーションのジレンマ』クレイトン・クリステンセン著、伊豆原弓訳、翔泳社、2000年)

うに、シナリオは予測そのものが目的なのではなく「マネジメントの視野を拡大し、皆で同じ変化を見つめ正しい戦略を案出・実行していく」ためのツールである。そのためには、組織の構成員が理解し、共有し、他の人々にも伝えられる程度のシンプルさが必要だということだ。つまり、組織内で記憶されなければならない。

この「記憶」というポイントは重要である。人間は記憶に基づいて意思決定を行う。通常は、過去の記憶である。しかし、不確実性が高まり、未来が不連続であれば、この記憶はかえって足枷となる。

特に、過去の記憶が成功体験であればなおさらだ。不連続な未来を記憶することで、過去の体験に基づかない意思決定を組織として行っていく必要がある。記憶できないような精緻なシナリオを十数個策定し、それに対応する戦略をつくっても、組織内で伝えていくことはできない。

認知心理学的に言えば、人間の記憶可能な数は最大5～9程度であることが知られている。平均的には七つで、これは「マジカルナンバー7」としてご存知の方も多いだろう（厳密に言えば、それより多くの数であっても「かたまり（チャンク）」として七つ以下にグループ化することにより、記憶することは可能である）。

実際のコンサルティング経験から言って、シナリオが有効に「組織の記憶」として使える時のシナリオ数は3～6程度である。それ以上になると、構造化してわかりやすくなるように努力しても、コミュニケーション上無理が出てくる。重要なのは、「精緻化された数多くのシナリオ」ではなく「シンプルで不確実性が最大限織り込まれた、十分幅のあるシナリオ」なのである。

二つ目は、「シナリオの発生を規定する要因」に関するものである。

前述のパーソナル・ファイナンス市場シナリオでは、「世界経済の動向」と「利用者のニーズ動向」であった。この「利用者のニーズ動向」は他のいくつかのサブ要因の影響を受けて一つの軸となっている。いわば複合軸である。サブ要因とは、「余暇時間の拡大志向」「トランザクション・コストの低下」「プライバシー意識・セキュリティ意識の高まり」などである。つまり、いくつかの要因が因果関係でつながった結果、「利用者のニーズ動向」という軸が浮か

び上がったわけである。「利用者のニーズ動向」が不確実性の軸となったことで、他の要因全てを無視したということではない。

このように、いくつかの要因の因果関係や連鎖を考えることで、「シナリオの発生を規定する要因」をシンプル化し、数を絞り込むことが可能となる。この因果関係については、後に詳しく述べる。

マネジメント・ツールとしてのシナリオ

結局、シナリオとは何なのだろうか。未来予測そのものが目的でないことはおわかりいただけたと思う。結論から言えば、シナリオとは、組織が学習し進化していくためのツールであると言えるのではないか。ツールであるから、シナリオをつくったとしても答えが自動的に転がり込むわけではない。むしろ戦略について考えるトリガーとなるものだ。

シナリオは、戦略、組織、心理の三つの観点から有用なツールである。戦略的には、「未来を複数考え、それに対処する方法を事前準備する」ためのツールである。組織的には「組織の記憶をつくり、集団的意思決定を行う」ためのツールである。そして、心理的側面としては「客観（環境を見る眼）と主観（戦略的意図）を分けて考える」ツールであり、「マネジメントの視野を拡大する」ためのツールであると言える。

次の章からは、このように「戦略・組織・心理」の点でどのような思考、意思決定を行っていけばよいかについて述べる。

Scenario Thinking

第2章 意思決定の質を高める

企業再生に秘訣はない。
答えは社内にある。
——カルロス・ゴーン[*1]

第1節
効果的な意思決定のためのフレームワーク

　第1章で、シナリオが戦略・組織・心理の三つの側面から有効なツールであると述べた。本章ではこの三つの側面に着目し、シナリオに限らず効果的に意思決定を行っていくためのフレームワークとは何かについて議論を進めたい。
　効果的な意思決定は、次のような式で表される。

- $E = Q \times A$ [*2]

　Eは Effectiveness（効果）のE、QはQuality（質）のQ、AはAcceptance（受容度）のAである。つまり、「意思決定の効果が高くなるのは、意思決定に関わる内容がよく検討されていてその質が高く、かつ、その意思決定に関わ

図2-1 ● 効果的な意思決定の方程式：E（効果）＝Q（質）×A（受容度）

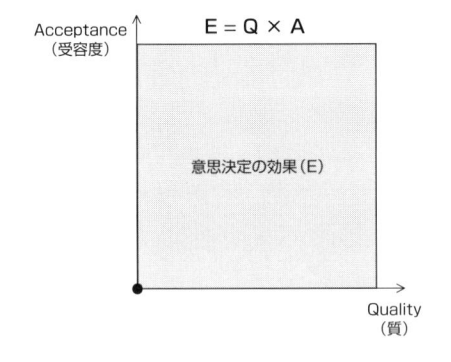

```
Acceptance↑      E = Q × A
(受容度)  ┌─────────────────┐
          │                 │
          │                 │
          │   意思決定の効果(E)  │
          │                 │
          │                 │
          └─────────────────→
                          Quality
                           (質)
```

©Greenfield Consulting, Inc.

[*1] 『プレジデント』2001年10月1日号
[*2] "A good decision is more than a right decision", Majone, G., *Acta Psychologica 56*, 1984, 15-18
"The evaluation of managerial decisions' quality by managers", Zakay, D., *Acta Psychologica 56*, 1984, 49-57

図 2-2 ● E（効果）が小さくなるケース

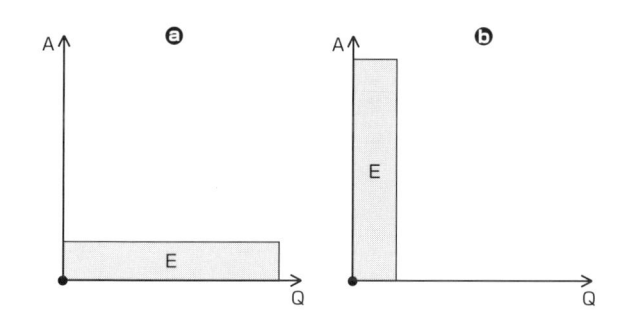

©Greenfield Consulting, Inc.

る人々や影響を受ける人々の納得性（受容度）が高い時である」という意味になる。戦略、組織、心理との関わりで言えば、Qが戦略と戦略的思考に関わる心理の側面を、Aが組織と組織の変革に関わる心理の側面を表している。この方程式は掛け算であるから、EはQとAを掛け合わせた面積で表される。従って、どちらか一方が十分に高くても他がゼロであれば、Eすなわち効果はゼロになってしまう（図2-1）。

　Eがゼロまたは限りなく小さくなる時は次の二つのケースが考えられる。（QもAも小さい場合を除く）

- Qが大きくAが小さい（図2-2の ⓐ）
  戦略の再構築や市場分析などにあたり外部のコンサルティング会社に依頼した。分析の内容や検討内容は十分に質の高いものであったが、社員の参画度やアウトプットのコミュニケーションが不十分で、最終的な提言が実行されないまま終わるケース。
- Qが小さくAが大きい（図2-2の ⓑ）
  社員の自主性を高めるために社員だけでプロジェクトチームをつくり、戦略の再構築や市場分析を試みたが、客観性に欠ける分析が中心で「こう

したい」ばかりが前面に出てきてしまい、正しい答えかどうかの確証が得られないケース。

どちらのケースもよく見られるケースである。効果を上げていくためにはQ（質）とA（受容度）を同時に達成しなければならないことを、まずは認識する必要がある。そして、それぞれの要素について向上させる術を学べば、企業自らEを高めていくことは可能である。そのためには、QとAの組み合わせ方のタイミングとQとAの構成要素を理解しておく必要がある。

QとAの組み合わせのタイミング

QとAをどのように組み合わせていけばE（効果）が最も高くなるのだろうか。意思決定に関するステージと関連づけてその答えを考えてみよう。

意思決定を行い、その結果を実行するにあたって、次のような四つのステージに分けて考えることができる（図2-3）。

● 第1のステージ：フレーミング
このステージでは、意思決定を行う対象を決め、意思決定の方法を決める。「問題をどうとらえるか」という意味で、これは「フレーミング」と呼ばれる。

図2-3 ● 意思決定に関するステージ

フレーミング → 情報収集・分析 → 意思決定 → 決定結果の実行とフィードバック

©Greenfield Consulting, Inc.

「対象とする問題や課題の範囲はどこまでなのか。広くとらえるべきか、狭くとらえてもよいのか。意思決定の影響については、どのくらい先の時間まで想定しておくのか」——これらが「対象」についての議論である。

例えば、「メディア産業の未来シナリオ」が題材であれば「メディアの定義や範囲はどこまで含めるのか。テレビ・新聞などのマスメディアだけを対象とするのか。インターネットなどのパーソナルメディアまで含めておくのか」「日本だけを対象として考えるのか。グローバルにシナリオを描くのか」などが対象の範囲の議論であるし、「5年先のシナリオか10年先のシナリオか」が対象の時間軸の議論であろう。このような問題の表現の仕方が「フレーム」である。フレームが異なると、異なった結論が導かれる傾向があることが知られている。これは「フレーミング効果」と呼ばれる。「フレーム」によってシナリオや戦略が影響を受ける例については後に詳しく述べる。

意思決定の方法については、「定量的分析が中心なのか、定性的分析が中心なのか。ワークショップなどの『場』を通じて参画型合意形成を図るのか、発表・討議・議決といった形をとるのか。分析からスタートして仮説をつくりあげるのか、まずは、既にある仮説をスタート地点とするのか」などについてあらかじめ決めておくことである。

この第1ステージのアウトプットにより、その「後工程」(これから述べる第2ステージ以降) が大きく影響を受ける。従ってこの段階では、質の高い議論が求められる。よりQを意識した進め方が必要だということだ。

● 第2のステージ：情報収集・分析

このステージでは、前のステージで決めた対象範囲、意思決定の方法に沿って情報やデータを集め、分析を行い、その分析結果からの示唆を抽出するステージである。第1のステージで決定した内容に誤りがなければ、このステージは外部の専門家に依頼した方が一見効率が良いように思えるかもしれない。確かに、情報の収集・分析は経験の有無が効率・効果を左右する面もある。しかし、第1章で述べたように「自分で認識しない限り、問題は視野に入ってこない」。Qが重視されるステージではあるものの、Aはゼロではない。

● **第3のステージ：意思決定**

　意思決定にあたっては、よりAのウエイトが高くなる。第4のステージである意思決定結果の実行・フィードバックも含めて、「意思決定の実効性」を重視すればするほど、意思決定段階での「関係者の巻き込み」が必要となるからである。

　関係者からのコンセンサスが不十分なまま、強引に意思決定が行われるとどうなるだろうか。インターネットの企業への導入に関する次のような例がある。

　インターネットがビジネスの新たな手段として登場したのは、1990年代後半である。この手段を新たな武器ととらえ、多くの企業がインターネットを事業に取り込もうとした。新しい事業部門を立ち上げたり、新たな流通チャネルと位置づけたりしたのである。急激に変化する事業環境は7年分の変化が1年で起こる「ドッグイヤー」と呼ばれ、その変化に対応した戦略のQ（質）の変化が求められた。しかし、A（受容度）の観点からはどうだったのであろうか。

　このような、いわゆる「eビジネス化」について3年にわたり、46の企業の事例を分析した調査結果がある（図2-4）。[*3] それによれば、eビジネス化がうまくいかなかった第1の理由は「社内コミュニケーションのまずさ」であった。eビジネス化という取り組みがなぜ必要なのか、どれほど火急のことなのかについて、十分な社内コンセンサスが得られなかったということである。

　第2の理由は「社内の政治的あつれき」であった。eビジネスが社内で立ち上がることによって、他の事業が受けるインパクトは必ずしもポジティブなものばかりではない。eビジネスと引き換えに旧来の営業部隊は必要なくなるかもしれないし、ポジションがなくなる管理職層も出てくるかもしれない。

　調査にあたったデンバー大学のスティーヴン・アーブシュロー教授は、「eビジネスへの取り組みに成功している企業は、社内の問題を素早く解決している」と述べている。このような政治的抵抗の結果、うまく進まなかったeビジネスが多数あったという事実は、意思決定がQ（質）だけでは不十分でA（受

---

*3　"How Fast is Net Fast?" *Business Week*, November 1, 1999

図 2-4 ● A（受容度）の軽視：失敗の実態と取り組み意欲の差

なぜ、eビジネスへの取り組みがうまくいかないのか？
（失敗企業の実態調査）

- うまくいかない理由の第1位：社内コミュニケーションのまずさ
- うまくいかない理由の第2位：社内の政治的あつれき
  ——デンバー大学スティーヴン・アーブシュロー教授の調査結果

eビジネスへの取り組みが成功する要件とは？
（取り組む企業の意識）

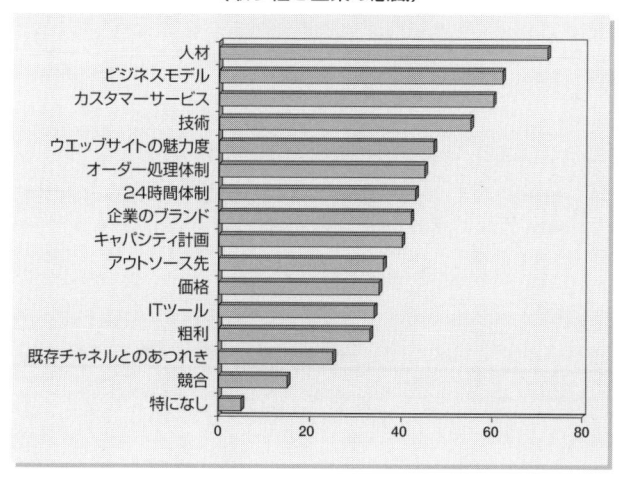

項目	値
人材	約73
ビジネスモデル	約62
カスタマーサービス	約60
技術	約55
ウェブサイトの魅力度	約47
オーダー処理体制	約45
24時間体制	約43
企業のブランド	約42
キャパシティ計画	約40
アウトソース先	約37
価格	約35
ITツール	約33
粗利	約32
既存チャネルとのあつれき	約25
競合	約15
特になし	約5

出所：*Business Week*, November 1, 1999
Data Information Week, December, 1999

©Greenfield Consulting, Inc.

容度）も考慮しておかねばならないということを示している。特に組織の構成員に行動の変化を求めるようなケースの場合、コミュニケーション戦略をきっちりと策定・実行し、Aを向上させておく必要がある。

　一方、図2-4の下段にあるように、eビジネスにこれから取り組む企業のマネジャーへのアンケートでは、社内コミュニケーションなどが重要との意見は

図 2-5 ● 意思決定のステージにおけるQとAのウエイト

[図：フレーミング → 情報収集・分析 → 意思決定 → 決定結果の実行とフィードバック の4ステージにおいて、Q（質）のウエイトが前半で大きく、A（受容度）のウエイトが後半で大きくなることを示す図]

©Greenfield Consulting, Inc.

現れず、人材、ビジネスモデル、技術などの回答が上位を占め、Aへのアテンションの低さが現れている。[*4]

● 第4のステージ：意思決定結果の実行・フィードバック

　企業などの組織内で行われる意思決定は、意思決定結果の実行段階では、通常多くの人が関与することになる。組織階層のトップで行われた意思決定を実行し、日常活動につなげていくのは、現場にいる人々である。第3のステージでの「巻き込み」同様、このステージでもAに配慮し、「意思決定に関与していなかった人々」をどう巻き込み、実行主体者としての意識を持たせるかが鍵となる。

　図2-5にあるように、第1から第4のステージについて、QとAの重みを見ると、前半はQのウエイトが大きく、後半はAのウエイトが高いことがわかる。

[*4] *Data Information Week*, December, 1999

第2節
Q(質)の向上

　未来シナリオを考えるにあたって、どのようにしたらQの向上が可能になるだろうか。
　現在から未来を展望するにあたり、Qを向上させていくためには、次の三つの思考法が必要となる。

- 現在と未来のつながりについての思考が論理的であること：ロジカル・シンキング
- 複数の要素間の因果関係が考慮されていること：システム・シンキング
- 思考の対象範囲や思考そのものについて客観的にとらえられていること：オブジェクティブ・シンキング

　この三つの思考法について詳しく見てみよう。

ロジカル・シンキング

◉ 演繹と帰納

　ロジカル・シンキング、すなわち「論理的に考える」うえでの鍵は、ものごとの論理展開をどのようにとらえるかということである。
　論理展開についての説明には、三段論法の形で表される演繹モデルが一般によく使われる。カメラと写真の関係を例に考えてみよう。
　例えば、図2-6に表されるような「カメラで撮られた写真は必ずプリントされる」というロジックがあった時、

　「撮られた写真」をA
　「プリントされる」をB

図2-6 ● 「カメラで撮られた写真は必ずプリントされる」を導くロジック

撮られた写真は必ずプリントされる →(ところで)→ 写真はカメラで撮られる →(それゆえ)→ カメラで撮られた写真は必ずプリントされる

図2-7 ● 演繹的ロジック展開

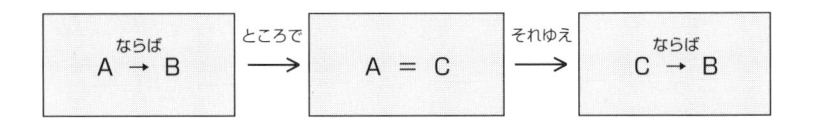

（ならば）A → B →(ところで)→ A = C →(それゆえ)→ （ならば）C → B

©Greenfield Consulting, Inc.

「カメラで撮る」をC

とすると、図2-7の図式で表されることがわかる。この時「A→B（ならば）」の意味は「Aという前提のもとで、Bという結論が導かれる」となる。そして「AならばBで、ところでAはCなので、それゆえCならばBとなる」という論理が成り立つ。これが、いわゆる三段論法であり、演繹モデルを用いた論理展開の説明である。図2-7の「A→B（ならば）」の「ならば」は法則または推論の規則を意味するが、これが、数学の公式のように絶対的で変えようがない時、この「ならば」は決定論的法則と呼ばれる。一方、この「ならば」が絶対的なものではなく経験則的なものである場合、確率論的推論と呼ばれる。

　我々が、未来について「ロジカルに」考える場合、この「ならば」は法則のように決定論的なものであろうか、経験則からの確率論的なものであろうか。「撮られた写真は必ずプリントされる」という図2-6の最初のポイントを導いたロジックをよく考えると図2-8のようになっていることがわかる。

図 2-8 ● 「撮られた写真は必ずプリントされる」を導いている帰納的推論

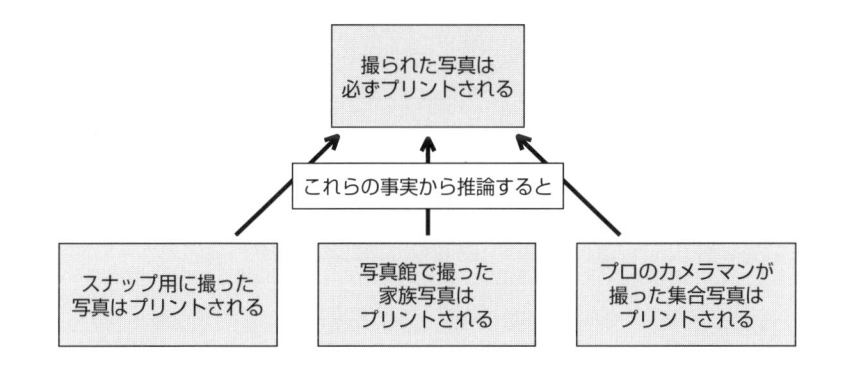

```
                    撮られた写真は
                    必ずプリントされる
                   ↑      ↑      ↑
              これらの事実から推論すると

  スナップ用に撮った    写真館で撮った      プロのカメラマンが
  写真はプリントされる   家族写真は         撮った集合写真は
                      プリントされる      プリントされる
```

©Greenfield Consulting, Inc.

　図2-8中の下に書かれている三つの個別の事象、すなわち、スナップ写真、家族写真、集合写真についての観察から共通の要素を見つけ出し、より一般的な推論をした結果、「撮られた写真はプリントされる」という論理を導き出している。

　図2-8のような推論は帰納的推論と呼ばれる。多くの事象の中から共通の性質を見つけ出し、その性質を一般的なものととらえ、一般的概念真理であるとする推論を帰納と呼ぶのである。この場合の推論は、絶対不変の法則のような決定的なものではなく「個々の事象を見た結果、『必ず』と言ってよいほどの高い確率で一般的な概念（この場合は、「撮られた写真はプリントされる」）が成り立つだろう」と推測する、確率論的なものである。

　社会・経済・政治・事業環境などの領域において、我々が現在の状況を考え、未来について考察する時、そこに「絶対不変の法則」が存在することなどほとんどないはずである。自分が演繹的に考えているつもりでも、実は無意識のうちに帰納的推論を行い、それを「法則」としてとらえがちになるのだということに注意しておく必要がある。

図 2-9 ● 演繹と帰納を組み合わせたロジック展開

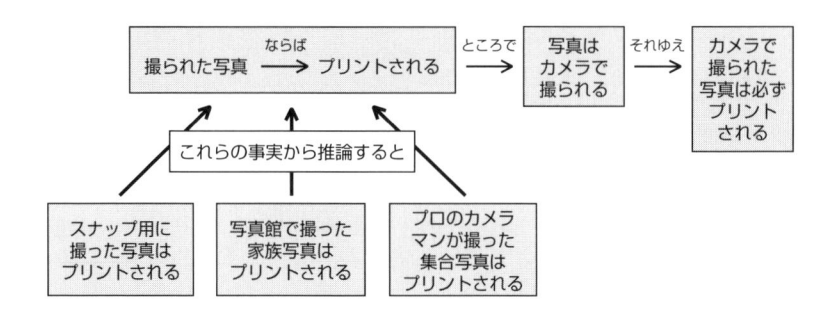

[撮られた写真] ならば→ [プリントされる] ところで→ [写真はカメラで撮られる] それゆえ→ [カメラで撮られた写真は必ずプリントされる]

これらの事実から推論すると

- スナップ用に撮った写真はプリントされる
- 写真館で撮った家族写真はプリントされる
- プロのカメラマンが撮った集合写真はプリントされる

©Greenfield Consulting, Inc.

　いま一度、図2-6と図2-8を組み合わせて考えると、図2-9のようになる。

　つまり、帰納的推論に基づいて、一般的概念「撮られた写真は必ずプリントされる」が導かれ、そこから「写真はカメラで撮られる」という事実に基づいて、演繹的に「カメラで撮られた写真は必ずプリントされる」という結論が導かれている構造である。

　なぜ帰納的推論に基づいていることに注意しておく必要があるかと言えば、我々は、図2-6をつい決定論的法則のようにとらえ、その事実に基づいて類推しがちだからである。

　類推とは、多くの事実に基づいて次にも同じことが起きるだろうと推論することだ。

　図2-6のロジックを用いて「デジタルカメラとデジタル写真の未来」について類推すると、図2-10のようになる。

　CCDを中心としたデジタル技術の進展により、デジタルカメラの市場は急拡大している。一般に普及しているのは事実である。

　しかし、そのカメラで撮影されたデジタルイメージのプリント数は当初想定されたほどには伸びていない。つまり、図2-10の結論の「デジタルカメラで撮られたデジタル写真は広く一般にプリントされた」は一般論としては間違っていないが、市場規模の推移は当初の予測通りにはなっていない。

図 2-10 ● デジタルカメラと写真の関係についての類推

ⓐ これまでのカメラと写真

撮られた写真は必ずプリントされる → 写真を撮るための（銀塩フィルム用の）カメラは広く一般に普及した → カメラで撮られた写真は広く一般にプリントされた

↓類推　↓類推　↓類推した結論

ⓑ デジタルカメラとデジタル写真の未来

撮られたデジタル写真は必ずプリントされる → デジタル写真を撮るためのデジタルカメラは一般に広く普及した → デジタルカメラで撮られたデジタル写真は広く一般にプリントされた

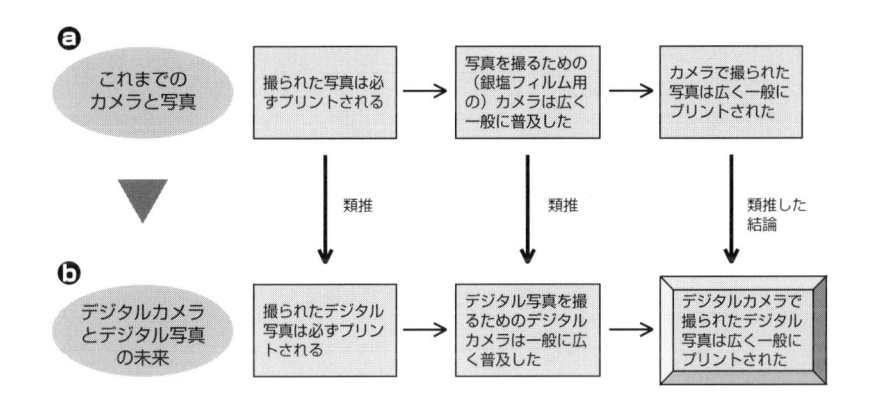

図 2-11 ● デジタル写真のプリント動向

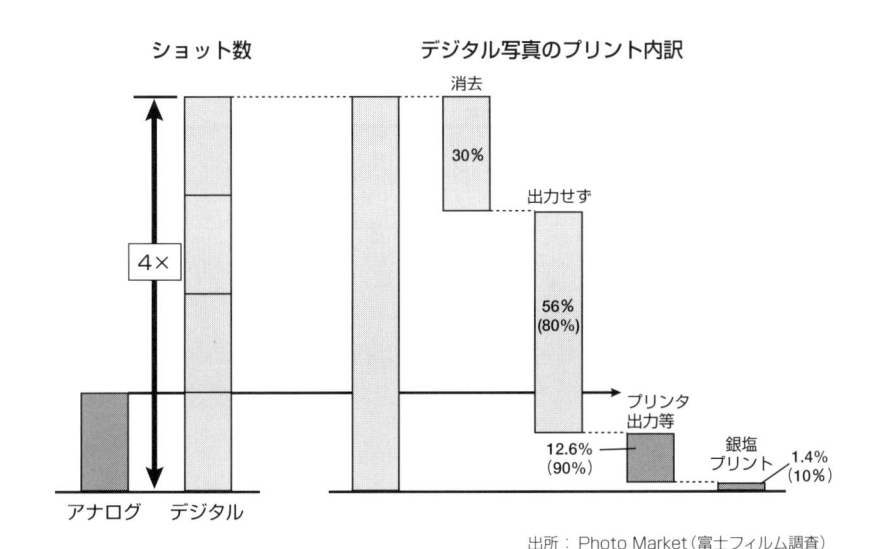

ショット数：アナログ／デジタル（4×）

デジタル写真のプリント内訳：
- 消去 30%
- 出力せず 56%（80%）
- プリンタ出力等 12.6%（90%）
- 銀塩プリント 1.4%（10%）

出所：Photo Market（富士フィルム調査）

©Greenfield Consulting, Inc.

図 2-12 ● 「デジタル写真のプリント」についての類推

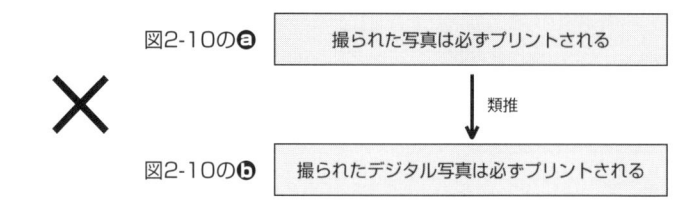

×　図2-10の ⓐ　｜ 撮られた写真は必ずプリントされる ｜
　　　　　　　　　　↓ 類推
　　図2-10の ⓑ　｜ 撮られたデジタル写真は必ずプリントされる ｜

©Greenfield Consulting, Inc.

　フィルムメーカーの調査によれば、デジタルカメラで撮影されたコマ数のうち30%は消去されてしまう。残ったコマ数のうち80%は保存されるだけでプリント写真にはならない。さらに、通常DPE店で手にするような写真になるのは残りの10%にすぎず、あとの90%は家庭用のプリンタでプリントされてしまうのである。その結果、デジタルカメラで撮影されるショット数はアナログカメラよりも多いにもかかわらず、銀塩プリントされる枚数は、アナログカメラよりも少なくなっている（図2-11）。

　この事実から、図2-10を振り返ると、ロジックの最初に誤りがあることがわかる（図2-12）。

　この誤った類推は、我々がつい「撮られた写真はプリントされる」ということを決定論的に法則のようにとらえがちなことに起因している。実際は図2-8のように確率的、帰納的に考えたにもかかわらず、である。

　このように本来、確率的に考えなければならないことを、つい決定論的な絶対法則ととらえ、それに基づいて未来を類推してしまうと、現実から乖離した「予測」が生まれる危険性がある。

　一般に「ロジカルに考える」と言う時、我々が通常思い浮かべるのは、演繹的な論法である。こちらの方がロジックが整然としていて美しいしわかりやすい。しかし、現実の社会現象では、確率的にとらえるべきものが多いし、また、当然のこととして（つまり決定論的に）とらえられていたことが、実は事実で

図 2-13 ● 「デジタル写真のプリント」についての帰納的推論

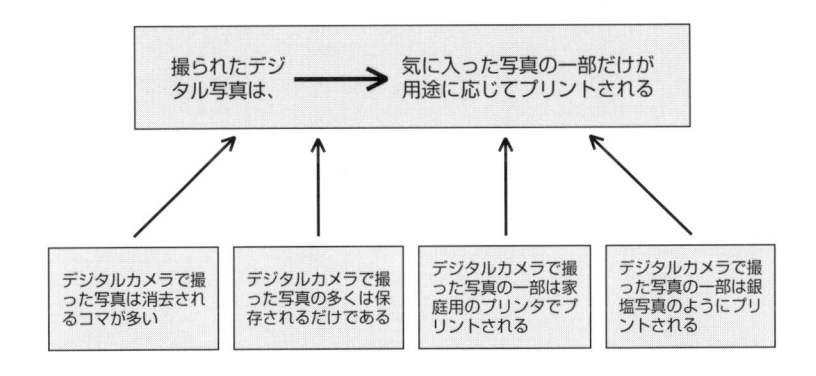

```
                    撮られたデジ         気に入った写真の一部だけが
                    タル写真は、    →    用途に応じてプリントされる
                       ↑      ↑           ↑              ↑
          デジタルカメラで撮  デジタルカメラで撮  デジタルカメラで撮   デジタルカメラで撮
          った写真は消去され  った写真の多くは保  った写真の一部は家    った写真の一部は銀
          るコマが多い        存されるだけである  庭用のプリンタでプ    塩写真のようにプリ
                                                 リントされる          ントされる
```

©Greenfield Consulting, Inc.

なかったと後で発見されることも多いのである。例えば、「針葉樹は常緑樹であり、葉が色づき落葉することはない」という性質を持っていると考えられていたが、メタセコイアが1943年に発見されて、この経験則は否定された。つまり、新しい現象の発見によって、法則ととらえられていたものが帰納的類推にすぎなかった、とわかったということである。[*5]

実際に図2-10の❺の出発点については、図2-13のように考えられる。

この「出発点」があれば図2-10の❺の結論は、図2-14のように「デジタルカメラで撮られた写真は、用途によって多様なセグメントに分かれる」となっ

図 2-14 ● デジタルカメラとデジタル写真の関係についての類推

```
           ×                              ○
   デジタルカメラで撮られたデジタル        デジタルカメラで撮られたデジタル
   写真は広く一般にプリントされた   ではなく  写真は、用途によって多様なセグメ
                                          ントに分かれる（必ずしも写真とい
                                          うアウトプットだけではない）
```

＊5 『「わかる」とは何か』長尾真著、岩波新書、2001年   ©Greenfield Consulting, Inc.

たであろう。

いくつかの事象の背後にパターンを見つけ共通点を探るという帰納的推論は、より創造的な発想が必要となる。それゆえ、論理の発見や構築は演繹モデルほど簡単ではないかもしれない。しかし、現在と不連続な未来を考察するのであれば、帰納的な発想がより重要だと言えるだろう。

ロジカルに考えるポイントとしては、
- 演繹的発想と帰納的発想のバランスをとる
- 帰納的に考える中から、新たなパターンの存在が見えないかを探る

ということになる。

◉ 因果関係

前述の「A→B」という関係は因果関係と呼ばれる。

Bという事象はなぜ起こるのかを考え、その原因となるAを見つけ出すことでAとBの間の関係を明らかにすることである。

カメラと写真の例で見たように、ものごとの因果関係がわかれば、我々は、その因果関係を用いて、今後の意思決定や思考に役立てようとする。過去の事象の因果を知って安心するのではなく、むしろそれを基盤に未来の推測や行動原則を導こうとするのである。それゆえ、因果関係について正しく理解しておくことは、「未来を推察する」うえで重要である。

「AとBの間に因果関係がある」という時、次の三つの規準を満たしていることが必要である。

- 共変関係
- 時間的順序
- 他の原因の排除

「環境への取り組みが熱心な企業は業績も良く、株のパフォーマンスも平均以上で、株式の投資対象として適格だ」という議論がある。実際にダウジョーンズ・サステナビリティ・ワールド・インデックス（DJSI）の過去10年近い株

図2-15 ● ダウジョーンズ・サステナビリティ・ワールド・インデックス（DJSI）

(1993年12月―2002年10月, 米ドル, 価格インデックス)

[グラフ：DJSIとDJGIの推移（12/93～6/02）。93年12月からの増加率 DJSI：52%、DJGI：26%]

― DJSI：ダウジョーンズ・サステナビリティ・ワールド・インデックス（米ドル）
― DJGI：ダウジョーンズ・グローバル・インデックス（米ドル）

注：DJGIは市場平均のグローバル指数。DJSIとDJGIの相関関係は0.96。
出所：http://www.sustainability-index.com/

©Greenfield Consulting, Inc.

式のパフォーマンスを見るとそのようになっている（図2-15）。これは、時に「環境に投資すれば、株式のパフォーマンスも良くなる」との議論にすりかわる時がある。この議論を例に、三つの規準について考えてみよう。

● **共変関係**

　AとBの間に因果関係が存在することの前提条件の第一は、Aの動きとBの動きに関係がなければならない。Aが変化すればBも変化する必要がある。つまり、相関関係が必要だということだ。AとBの変化について、図2-16の❹のような関係がある時、「正の相関関係が存在している」と言い、❺のような関係がある時、「負の相関関係が存在している」と言う。

　図2-15のDJSIのグラフから、二つの共変（相関）関係が見てとれる。

図 2-16 ● 共変関係

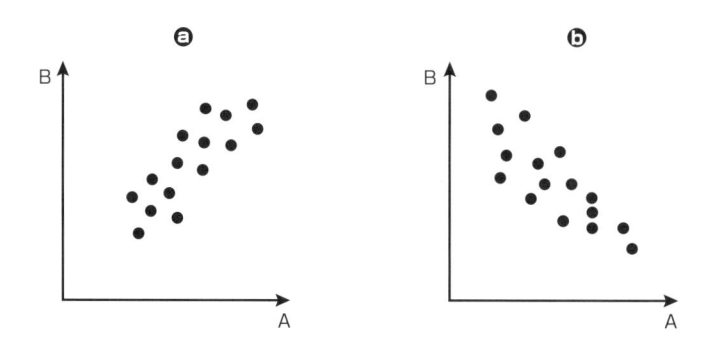

ⓐ

ⓑ

図 2-17 ● 「環境への取り組み」と「株式のパフォーマンス」間の共変関係

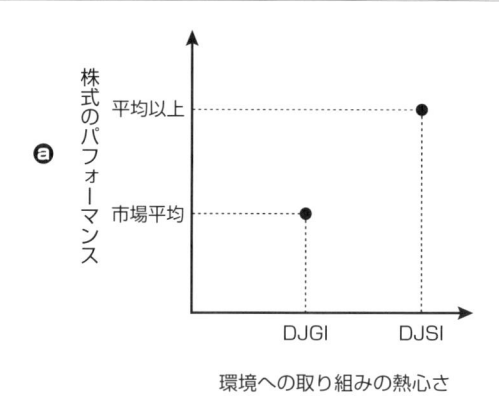

ⓐ

©Greenfield Consulting, Inc.

　一つは、「環境への取り組みが熱心か平均的か」と「株式のパフォーマンスが良いか市場平均並みか」の二つの要素の相関関係である（図2-17）。
　もう一つは、「ダウジョーンズ平均（株式の総平均パフォーマンス：DJGI）」と「環境への取り組みが熱心な企業の株式パフォーマンス：DJSI」の相関関係である（図2-18）。図2-15には、この相関関係を示す相関係数が0.96であると示されている（1に近いほど相関関係が強い）。

図 2-18 ◉ DJGI と DJSI 間の共変関係

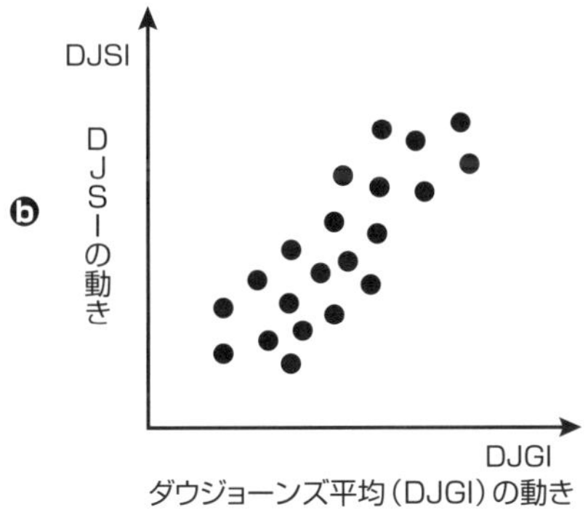
DJSI
DJSIの動き
b
DJGI
ダウジョーンズ平均（DJGI）の動き

©Greenfield Consulting, Inc.

グラフからもわかるように、この二つのインデックスは、同じ時期に同じような動きを示している。

●時間的順序

二つの共変（相関）があるからといって、二つの因果関係があるとは限らない。「A→B」（ならば）という因果関係で、AがBの原因であるという時、Aが必ずBに先んじて起こらなければならない。そうでなければ、AとB

図 2-19 ◉ 二つの共変関係は因果関係か？

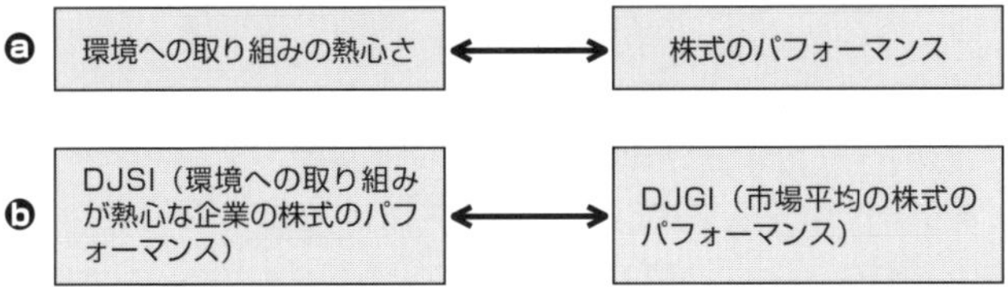
a
環境への取り組みの熱心さ
株式のパフォーマンス
b
DJSI（環境への取り組みが熱心な企業の株式のパフォーマンス）
DJGI（市場平均の株式のパフォーマンス）

©Greenfield Consulting, Inc.

図 2-20 ● 正しい因果関係？

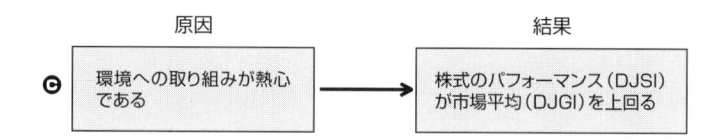

　　　　　　　　　原因　　　　　　　　　　　　結果

　❸　環境への取り組みが熱心　　→　　株式のパフォーマンス（DJSI）
　　　である　　　　　　　　　　　　が市場平均（DJGI）を上回る

©Greenfield Consulting, Inc.

は偶然に相関しあっているだけの可能性もあるからだ。

　前述の二つの相関を考えてみよう（図2-19）。

　❶については、「環境への取り組みの熱心さ」が先にあって、「株式のパフォーマンスが市場平均よりも良い」という結果が存在しうる。つまり、❶については時間的順序が成立しうる。しかし、❷についてはDJGIとDJSIは同じ時期に同一方向に変化しており、時間的順序の関係は見てとれない。つまり、❷の二つのインデックスには相関関係はあるものの因果関係はないということになる。

● 他の原因の排除

　これまでの説明で、図2-20のような因果関係が、共変（相関）、時間的順序という条件を満たすことで成り立ちそうだということがわかった。最後にクリアすべき条件は「他の原因の排除」である。

　環境関連に熱心な取り組みを行い、そのような事業に投資すれば本当に株式のパフォーマンスが良い（つまり、株価が上がる）のだろうか。この論理とは全く逆に、「経営がうまく業績が良い企業ほど、株式への評価も高く、結果として、環境に取り組む余裕もある」という見方もあるのではないだろうか。この論理を図で表すと、図2-21のようになる。

　もし❹が成り立つとすると、❸で推論した因果関係は成り立たないということになる。グラフからだけでは、❸と❹のどちらが正しいかはわ

図 2-21 ● 他の因果関係が存在する？

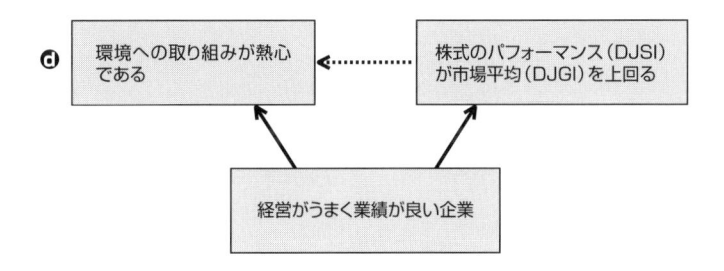

ⓓ 環境への取り組みが熱心である ←┈┈┈ 株式のパフォーマンス（DJSI）が市場平均（DJGI）を上回る

↑　　　　　　　　　　　　　　↑

経営がうまく業績が良い企業

©Greenfield Consulting, Inc.

からない。グラフの分析だけでは、「環境に投資すれば、株式のパフォーマンスも良くなる」との因果関係は導き出せないということだ。株価の上がらない企業が、図2-15のグラフだけを見てやみくもに環境関連事業に投資を始めるようなことが望ましくないのは明らかであろう。

　以上、因果関係について考察した。論理的に因果関係を考えそこから推論するというステップは、未来を客観的にとらえるうえで必須のものである。事業環境についての考察、未来についての考察には、不確かな側面がつきまとう。環境と株式の例で見たように、実際には、ⓒとⓓのどちらが正しい因果関係かを100％知ることはできない。これは、演繹と帰納の項で見たように、決定論的法則（確率100％）で考えるのではなく、確率論的なものの見方が必要なことと似ている。しかし、我々は、そのような不確かな中で、できるだけロジカルに意思決定を行う必要があるのだ。

システム・シンキング

● システム・シンキングの概要

　意思決定の質（Q）を上げていくための第1段階が「因果関係を使ってロジ

図 2-22 ● 意思決定に関する思考方法の発展段階

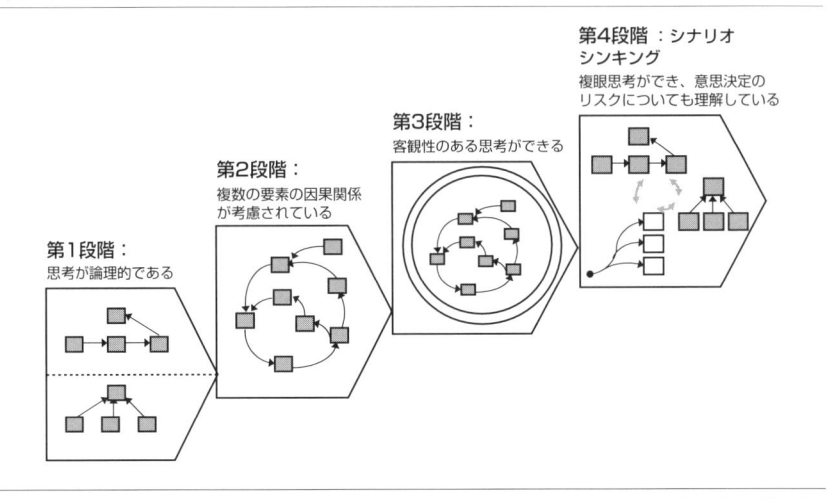

第1段階： 思考が論理的である

第2段階： 複数の要素の因果関係が考慮されている

第3段階： 客観性のある思考ができる

第4段階：シナリオシンキング 複眼思考ができ、意思決定のリスクについても理解している

©Greenfield Consulting, Inc.

カルに考える」ことであるとすれば、第2段階は図2-22に示されるように、「複数の因果関係のつながりを考える」ということになろう。

1990年代後半からのインターネット・ブームで多くの企業がインターネット関連のビジネスに参入した。そこでの参入の論理は図2-23のように「インターネットが家庭に普及する。結果、インターネット市場が巨大なものとなる。それゆえ、インターネットビジネスで利益が上がる」といった単純なものが多くあった。

しかし、全てのビジネスがここに記されたようにうまくいっているわけでは

図 2-23 ● インターネットビジネスへの参入論理

インターネットが家庭に普及する → インターネット市場が巨大なものとなる → インターネットビジネスで利益が上がる

©Greenfield Consulting, Inc.

図 2-24 ● インターネットビジネスに関わる複数の因果関係

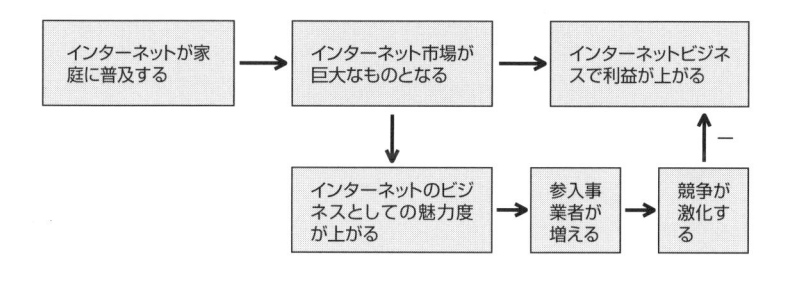

```
[インターネットが家庭に普及する] → [インターネット市場が巨大なものとなる] → [インターネットビジネスで利益が上がる]
                                              ↓                                    ↑ −
                                  [インターネットのビジネスとしての魅力度が上がる] → [参入事業者が増える] → [競争が激化する]
```

©Greenfield Consulting, Inc.

ない。図2-23は、一つの因果関係を示しているにすぎず、そこには図2-24で示されるような他の因果関係も成立している。

「インターネットが家庭に普及することで、インターネット市場が巨大なものとなる」。それゆえ、「インターネットのビジネスとしての魅力度が上がり、参入事業者が増え、競争が激化する」。その結果、「インターネットビジネスで利益が上がる」構造に対してマイナスの要因が働く。つまり、当初想定していたほどには、利益は上がらないということになる。

現実の事象は、図2-23のように単純なものではないし、図2-24よりさらに複雑なものであろう。図2-24のように複数の因果関係を考察し、各要素の相互の影響を考慮して、全体を一つのシステムとしてとらえる思考方法をシステム・シンキングという。

図2-23には、図2-25に示されるように、その因果をより加速させるような論理がかくれている。

「インターネットが家庭に普及する」ことで、「インターネット市場が巨大なものとなる」。その現象がさらに「家庭への普及」を後押しし、「市場の拡大が加速される」という論理である。図2-25に示された＋印は、この加速度的拡大（場合によっては加速度的縮小）を表す。

時間を横軸にとって図2-25をグラフに書くと、図2-26のようになる。

図 2-25 ● インターネットの加速度的拡大

インターネットの家庭への普及　＋　インターネット市場の成長

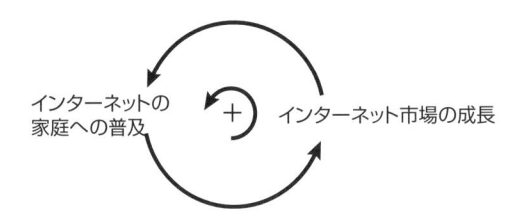

図 2-26 ● インターネット市場規模の加速度的拡大

縦軸: インターネット市場規模
横軸: 時間

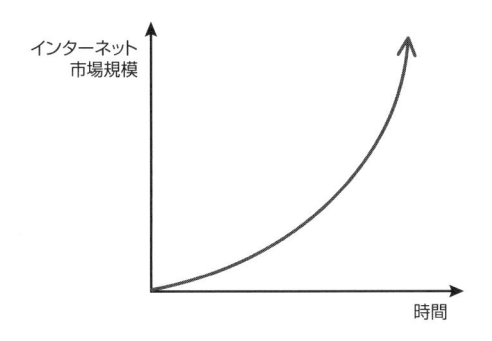

図 2-27 ● 犯罪の増加と街のスラム化

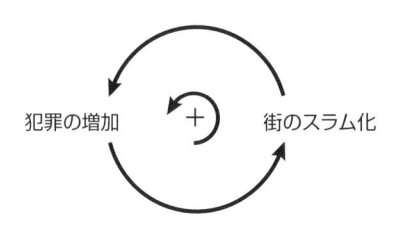

犯罪の増加　＋　街のスラム化

©Greenfield Consulting, Inc.

図 2-28 ● 街の安全性の加速度的悪化

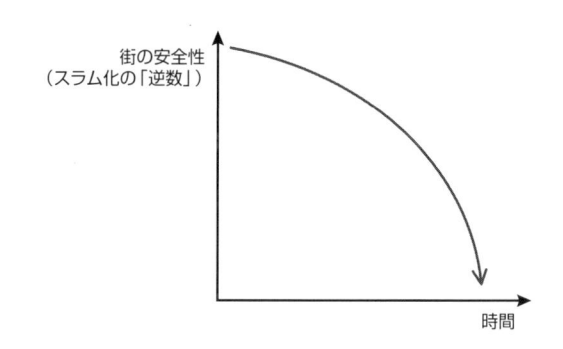

街の安全性
（スラム化の「逆数」）

時間

©Greenfield Consulting, Inc.

　図2-25に示された二つの要素が互いに強化し合うことで、インターネット市場規模は指数関数的な拡大カーブを描く。
　これは、場合によっては加速度的縮小を示すこともある。例えば、図2-27のようなケースである。「犯罪の増加により、街のスラム化が進む。街のスラム化が進むことにより、さらに犯罪は増える。結果、街のスラム化の『逆数』である『街の安全性』は加速度的に縮小していく」というケースだ。この場合のグラフは、図2-28のようになる。
　従って、＋印は「良い」を表すものではなく、「自己強化的性質」を表している。このように自己強化的性質を持ったループをポジティブ・フィードバック・ループまたは、拡張フィードバック・ループと呼ぶ。ポジティブ・フィードバック・ループしか存在しなければ、ものごとは、一方向にどんどん拡がっていく。いわゆる好循環か悪循環だけの存在となる。しかし、図2-24で見たように、その指数関数的拡大（または縮小）に「ブレーキ」がかかることが多い。
　図2-24をループの形で描くと図2-29のようになる。
　インターネット市場の成長は、自社のインターネットビジネスでの利益創出につながり、それがさらに投資に結び付くことによって市場の成長は加速される。一方、市場の成長により、他社の参入も相次ぎ競争は激化する。これは、

図 2-29 ● インターネットビジネスに関わる複数の因果ループ

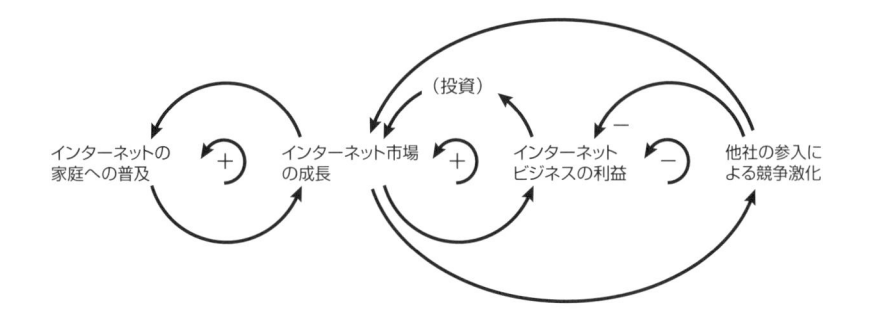

図 2-30 ● インターネットビジネスから得られる利益の推移

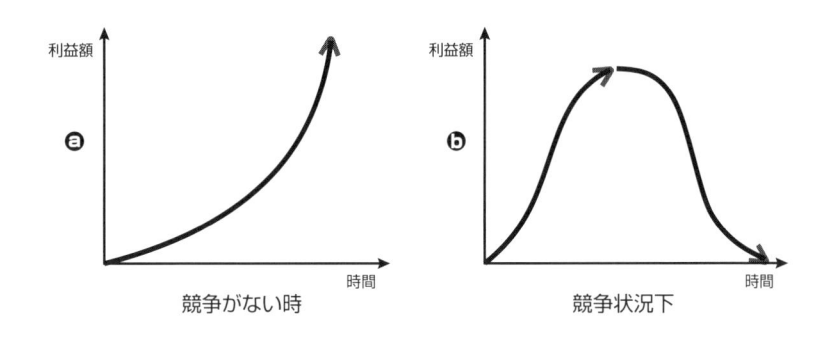

ⓐ 競争がない時

ⓑ 競争状況下

©Greenfield Consulting, Inc.

価格競争を招き、自社の利益創出にマイナス要因として働く。他社の参入がない時には、市場の成長に伴って無限に拡大すると思われた利益も高止まり、あるいは完全競争下ではゼロに近づいていく（図2-30）。

このように－（マイナス）印を含んだ「ブレーキ役」としてのループをネガティブ・フィードバック・ループ、または、バランス・フィードバック・ループと呼ぶ。これは「悪い」というネガティブさを表しているわけではなく「均衡状態に向かわせる」ようなフィードバックが起こり、ブレーキがかかるとい

図 2-31 ● インターネットビジネスからの利益に関するネガティブ・フィードバック・ループ

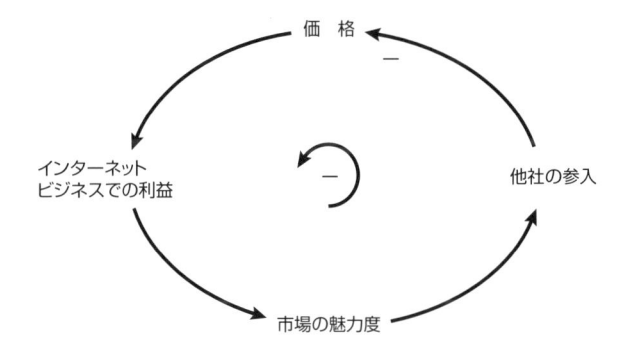

図 2-32 ● 現在の利益が減少していく時の推移

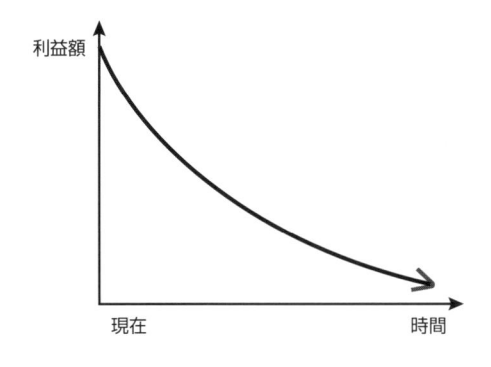

©Greenfield Consulting, Inc.

うことである。

　図2-29のネガティブ・フィードバック・ループの部分を詳しく表すと図2-31のようになる。

　図2-31の「他社の参入」から「価格」へ向かう矢印に「－（マイナス）」が描かれていることに注目してほしい。「インターネットビジネスでの利益」が上向くことで「市場の魅力度」も向上し、「他社の参入」も増えたのであるが、これは「価格」を押し下げる方向へ作用した。結果、「インターネットビジネ

スでの利益」は出発点とは逆向き、すなわち「下向く」ようになったのである。これを現状の利益が高いと仮定してグラフを描くと図2-32のようになる。

図2-30の❺は、図2-30の❷と図2-32を組み合わせた結果のグラフである。

次のような実例がある。インターネットビジネス市場が萌芽期から成長期に入った1999年の半ばからわずか18ヶ月の間に、米国では1000以上の電子商取引市場（eマーケットプレース）がオープンした。電子商取引市場とは売り手と買い手がインターネット上で取引する自由市場のことである。電子部品、工業用品、研究所用品、オフィス用品などのビジネス向け製品に加え、消費者向けのオークション市場も含めて、インターネット上で取引できる市場が電子商取引市場であった。インターネットのオフィスへの普及、家庭への普及というトレンドを背景に、図2-23で示されたような論理でもって新たな市場が生まれたのであった。

しかし、その後、2年程度の間に数百近い市場が閉鎖されてしまった。競争が激化し十分な利益を確保できなかったこと、そして需要1に対して供給3という供給過剰の状態が続いたこと、などがその閉鎖の原因とされている。電子商取引市場自身は今後も拡大していくと予測されているが、だからといって必ずしも利益が上げられるビジネスだとは限らないのである。

このような現象は、インターネットという最近の現象に固有のものではない。産業の萌芽期から成長期に移る際には、他の産業にも見られる。例えば自動車産業では、自動車を生産・販売することがビジネスとして成立するようになってから20年とたたない1905年時点で、西欧と北米で数百の企業が参入し、手作りで自動車を生産していた。その後、1914年からの20年間で、ヘンリー・フォードとアルフレッド・スローンの起こした技術革新により手作り型の自動車産業は壊滅し、100以上残っていた米国の自動車メーカーは12ほどまでに減少してしまった。さらに、その12社のうちフォード、GM（ゼネラル・モー

＊6 『リーン生産方式が、世界の自動車産業をこう変える』ジェームズ・P・ウォマック他著、沢田博訳、経済界、1990年

ターズ)、クライスラーの3社で販売総数の90％を占めるに至ったのである。[*6]

　自動車産業自身の規模は拡大しているにもかかわらず競争は激化し続け、自動車メーカーは現在六つの企業グループに集約されつつある。

　これらの例からわかるように「市場の成長」や「産業の未来」を考える時、「一方向での拡大」や「拡大イコール利益」という単純な構図で考えておくわけにはいかないのではないか。成長し魅力度が増せば他事業者が参入する可能性は高まるし、他の代替品によって別の市場を形成、成長させようという力も働くであろう。図2-29で示したように複数の要因の関わり合いを認識・理解し、全体をシステムとしてダイナミックにとらえる視点が必要なのである。「全体をシステムとしてダイナミックにとらえる」ということは、第1章で述べた「メンタル・モデル」を拡大するということでもある。「メンタル・モデル」を拡大することによって、陥りがちな思考のバイアスを矯正し、できるだけ正しい意思決定を行おうということである。

　では、なぜ全体を見ることでその是正が可能なのか。それは、問題の原因とその結果には、時間・空間的な隔たりが存在する一方で、人間は時間・空間的な距離が大きい因果関係をとらえるのは得意ではないからである。図2-24に示したような因果関係も、図に描くと当たり前のことに映るが、これが長期間をかけてジワジワと進行していくと、よほど意識しない限り、全体の動きをとらえることはできない。未来について、または長期について考察するのであれば、この「ジワジワ」感を意識的に視るようにすること、そして、システムとしての全体の構造をとらえることが必須となる。

◉ システムの特性

　いくつかの要素が互いに影響することでシステムとしての全体は次のような複雑性を示す。

- ●ダイナミック(流動的)に変化する
　　いくつかの要素が常に影響し合う結果、スタティック（固定的）な状態

は長く続かなくなる。インターネットビジネスの例で見たように、「魅力度が増せば利益が上がらなくなり事業者が撤退する。しかし、事業者の数が減ることで利益を上げられる企業が増え、再度市場の魅力度が向上する」といったダイナミックな動きをするようになる。ある一時点で見れば止まっているように見えるかもしれないが、中長期的にはダイナミックに変化する複雑性がシステムには存在する。

- **一つの要素の変化が全体に影響を与える**
  各要素の影響度によって全体の動きが大きく変わる。インターネットの事例で言うと、「他社の参入」により全体の構造や方向性が大きな影響を受ける。ミクロで起きている変化がマクロな構造に影響を与えるということだ。

- **方向の変化が非線形である**
  フィードバック・ループにより全体の構造が規定されるため、変化を縦軸、時間を横軸にとってグラフで表すと、非線形のグラフとなる。急激な拡大や縮小といった加速度的変化が特徴となって現れる。

- **過去に依存する性質を持つ**
  現在の状況や初期設定値などの「未来から見ると過去に起きた事象」がその未来に大きな影響力を持つようになる。「ダムに開いた小さな穴を今ふさがなければ、将来ダムの決壊につながる」ような現象がシステムでは起きる。過去には重要と思われなかった要素が未来に大きな影響を持つのだ。コンピュータが普及し始めた当初、コストの視点から二桁しか割り当てられなかった年号の問題（いわゆる2000年問題）が、世界全体の社会インフラ上のリスクとして取り上げられたのも同様である。

◉ 市場の成長とSカーブ

システム思考的に市場の成長及び限界、そしてその成長カーブを考えてみよ

図 2-33 ● 市場の成長を表すＳカーブ

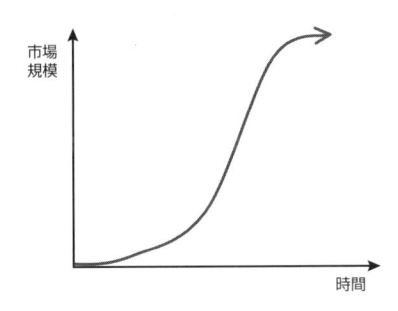

（市場規模／時間のＳカーブのグラフ）

図 2-34 ●「伝染病の感染」モデル

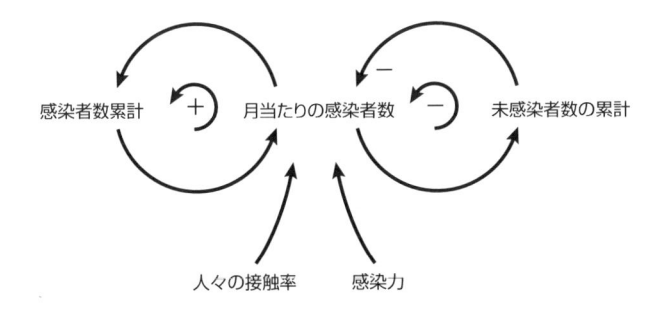

感染者数累計 ＋ 月当たりの感染者数 － 未感染者数の累計

人々の接触率　感染力

出所：システムダイナミクスのSI（Susceptible - Infectious）モデルとシステム・シンキングの「成功の限界」モデルを合成して、筆者が作成。

©Greenfield Consulting, Inc.

う。市場の成長は、しばしばＳカーブと呼ばれる軌跡を描く（図2-33）。

　これは、人口の成長や、商品の普及、伝染病の感染などに典型的に見られるパターンである。伝染病の感染については図2-34のようなモデルで表される。

　月当たりの感染者数は、人々の接触し合う機会（接触率）が増えるほど、そして病気の感染力が強いほど上昇する。月当たりの感染者数が増えれば、感染者数の累計も増す。感染者の累計が増えれば、接触率と感染力が同じでも、絶対数としての月当たりの感染者数は増加していく。

図 2-35 ● 伝染病の感染者数累計のカーブ

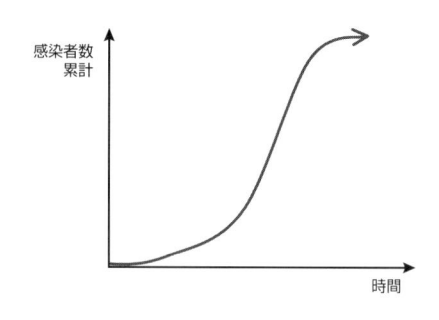

```
感染者数
累計
                    ╱‾‾‾→
                   ╱
                  ╱
                 ╱
                ╱
         ___╱
                              時間
```

©Greenfield Consulting, Inc.

　しかし、一方で対象となる人口が一定であるならば、未感染者数の累計は、感染者数の累計と反比例して減少する。月当たりの感染者数は未感染者数に対する、接触率と感染力の関数としても決まるので、結果、月当たりの感染者数にマイナスの要因として働く。従って、これらの変数を定量化してコンピュータ・シミュレーションすると、月当たりの感染者数はこれらの要素の影響を受けて、上昇の後、下降に転じ、やがてゼロとなる。結果、感染者数の累計は、図 2-33 と同じような軌跡を描く（図 2-35）。

　これは、さまざまな商品の普及を考える際にも応用できる。例えば、ビデオデッキの普及過程を考えてみよう。「感染力」は「ビデオデッキの魅力度」と置き換えることができる。この「魅力度」には、ビデオデッキならではの特性である、「他の人々がビデオデッキを持っていることからの便益（例えばテープの貸し借りが可能など）」という「ネットワーク効果」と「映画などのビデオテープのタイトルの充実からの便益」という「補完財からの効用」そして、「価格の低下度合い」などがあげられるだろう。また、「人々の接触率」は「口コミ効果」と置き換えられるのではないだろうか。「月当たりの感染者数」を「月当たりの新規購入者数」とすると図 2-36 のようなモデルとなる。

　これも変数を定量化すると図 2-35 のような軌跡を描く。しかし、ここで大事なことは、そのような一般的パターンが存在するということと同時に変数の

図 2-36 ● 「ビデオデッキ」の普及モデル

```
       ビデオデッキの保有者合計  ＋ 月当たりの新規購入者数 －  未保有者合計
                          ↓              ↑
                      口コミ効果      ビデオデッキの魅力度
                                    ↑
                              他の保有者が
                              いることの便益
                              （ネットワーク効果）
                                    ↑
                              ビデオテープの
                              タイトルの充実度
                              （補完財からの効用）
```

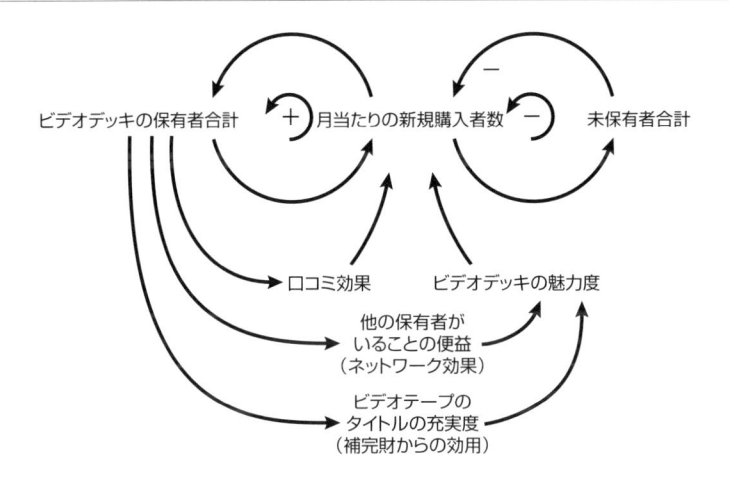

図 2-37 ● ビデオデッキの普及シナリオ

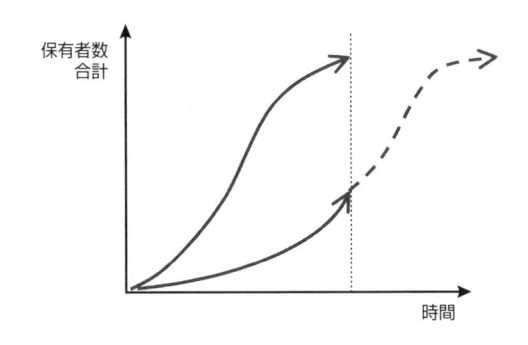

（縦軸：保有者数合計、横軸：時間）

©Greenfield Consulting, Inc.

数値のレベルが変われば、普及のスピードなどが大きく変わるということである。「口コミ効果」「ネットワーク効果」「補完財からの効用」などの効果が弱ければ（つまり、数値が低ければ）、新規の加入者数の伸びも弱くなり、結果、保有者数はなかなか伸びない。すなわち、なかなか普及しないということになる。従って、変数の現れ方によって保有者数の合計結果は、いくつかのパター

ンに分かれ、ある時点での合計数は大きく異なることとなる。

つまり、これらのいくつかの要因の因果関係からだけでも、複数の着地点、すなわち「シナリオ」が導かれる（図2-37）。このように、全体の構造の中からさまざま推論してみることが未来を考えるうえで不可欠なことなのである。

オブジェクティブ・シンキング

思考の発展段階の第3段階は、「自分の思考パターンについて理解する」ことと、その理解のうえで、「視野の拡大範囲を決める」ことである。

自分の思考パターンについて理解するために、人間がそもそもどのような意思決定をしているかについて考えてみよう。

● 限定的合理性と経験則

情報化社会の中にあって、我々は好きな時に好きなだけの量と質の情報を入手できるようになってきている。むしろ情報の量が多すぎて、情報の氾濫が起きていると言っても過言ではないかもしれない。

しかし、実際に意思決定を行う際に、入手可能な全ての情報に基づいて意思決定を行っていることはほとんどない。不確実性下の状況で、入手可能な全ての情報を統計的に用いて意思決定を行う考え方を、統計的決定理論と呼ぶが、これは、三つの前提のもとに成り立っている。[7]

(1) 意思決定を行う人にはとるべき「意思決定の選択肢」があらかじめ備えられている。
(2) その選択肢それぞれのもたらす結果が明確であるか、または、それぞれの結果がもたらされる確率が存在する。
(3) 結果の評価が「効用関数」[8]の形で備わっている。

---

[7] 『意思決定の基礎』松原望著、朝倉書店、2001年
[8] 結果がどのくらい価値があるかについて実数で表現した数を、それぞれの結果の「効用」(u) という。この効用を、$u(x) = \log(x)$ などの数式で表すことができる時、これを効用関数という。

このような「完全な合理性」のもとで機械のように意思決定が行える人はいないだろう。仮に能力があったとしても、情報量や時間、その他の資源で大きな制約を受け、ある程度妥協した範囲で意思決定を行うのが常である。この「妥協した範囲」を、可能な限りの合理性という意味で「限定的合理性」（bounded rationality）という。この限定的合理性は、外部環境上の制約、すなわち入手可能な情報の限界よりもむしろ、人間の認知能力に限界があることに起因している。情報について気づいたり、注意を向けたり、理解したりする能力に限界があるということである。

入手可能な全ての情報を統計的に処理し、合理的に意思決定しているつもりであっても、それは「見えている」範囲での話だということである。人間の認知限界は、記憶の限界にも直結する。人は七つ以上の事柄については記憶できないという前述の「マジカル・ナンバー7」という概念も認知心理学での実験から生まれたものである。

このように完璧でない我々は、合理的でありたいと願いつつも、無意識のうちに限られた情報に基づいて意思決定を行っている。そして、通常は過去の経験に基づいて「経験則上のルール」を適用し、意思決定をできるだけシンプルなものにしようとしている（この経験によって発見され単純化された意思決定ルールを「ヒューリスティクス」と呼ぶ）。

このような「経験則上のルール」には、例えば次のようなものがある。

- 「独立して3年以上経過していない自営業者には、家のローンを貸し出すことはできない」
  ある銀行では、自営業者が居住用の自宅を購入するにあたり、そのローン審査にあたって、少なくとも3年分の決算書を提出することを求めている。開業して3年に満たない自営業者は、経験則上、貸し倒れのリスクが高いと判断されている。
- 「提出されたビジネスプランに記された形容詞と動詞の比率が、2対1以上であれば、そのビジネスには投資するな」
  1990年代後半のITブームの頃、シリコンバレーの大手ベンチャーキャ

ピタルは、年平均5000以上のビジネスプランを起業家から受け取っていた。ビジネスプランは投資家の出資を促すために、さまざまな美辞麗句で修飾されていたが、一つの動詞に対して形容詞が二つもあるようだと、「内容がないために飾らざるをえなかった」という判断が経験則上導かれた。

このような経験則を用いた「単純化」はとても便利なものである。しかし、そこには当然落とし穴もある。単純化された「経験則上のルール」は意思決定する際の「基準の点」となる。この基準が一つのバイアスとなるのである。

● アンカリングの罠

人は意思決定にあたって一つの基準を持つと、当然ながらその基準をベースにモノを考えるようになる。しかし、時にその基準がバイアスとなって意思決定に歪みが生じることが知られている。このように、「基準」をベースとした結果、ものごとを見る際に歪みが生じる現象をアンカリングという。アンカリングの例としては次のようなものがある。[*9]

- 三つのグループにそれぞれ次のような質問をした。
    - 第1グループ　「6ヶ月後の公定歩合は何%だと思いますか？」
        - 回答の平均：10.9%
    - 第2グループ　「①6ヶ月後の公定歩合は8%以上でしょうか、以下でしょうか？
        - ②6ヶ月後の公定歩合は何%だと思いますか？」
        - 回答の平均：10.5%
    - 第3グループ　「①6ヶ月後の公定歩合は14%以上でしょうか、以下でしょうか？
        - ②6ヶ月後の公定歩合は何%だと思いますか？」
        - 回答の平均：11.2%

[*9] *Decision Traps*, J.Edward Russo and Paul J.H. Schoemaker, Fireside, 1990, P.88

この例からわかるように、第2、第3グループでは、それぞれ最初の質問で示された数値（8％と14％）に引っ張られた回答が得られている。

このように、人は最初に得た情報にこだわり、それに「引っ張られる」ことが知られている。最初に得た情報を「アンカー（錨）」として、そこから発想してしまうのである。

アンカリングの例としては、次のようなものがある。

- 次年度の売上高の予測を今年度売上高に基づいて行う。
- 将来の市場規模の推定を今年度の市場規模と過去の成長率の実績を用いて行う。

第1章に出てきた「現在のENIAC（電子計算機）は、1万8000個の真空管を使い、30トンもの重さであるが、将来のコンピュータは、たった1000個の真空管から構成され、重さもわずか1.5トン程度であろう」という未来予測は、アンカリングの典型的な例である。

自分がアンカリングを起こしていると気づかずに、未来についての意思決定を行うと、不連続な変化が起きている事業環境を見過ごし、未来を見誤ることになってしまう。

アンカリングを起こさないためには、
- さまざまな視点で問題をとらえる努力をする。知っている情報や最初の情報にこだわらずに、他の視点で問題を再定義できないか考えてみる。すなわち、できるだけ客観的な視点を持つ。
- 多様な視点を持つために、複数の人間で問題をとらえる。

などの方法が考えられる。

● フレーミング

できるだけ問題を客観的に考えるためには、「問題をどうとらえるか」という視点が重要になる。しかし、図2-3で示した「意思決定のステージ」において、問題を定義づける「フレーミング」にはほとんど時間が使われず、主に時

図 2-38 ● 「意思決定に関するステージ」におけるフレーミングの比率

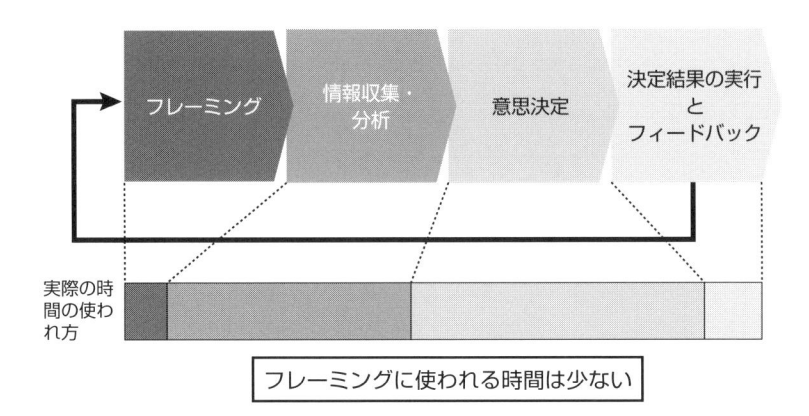

```
フレーミング → 情報収集・分析 → 意思決定 → 決定結果の実行とフィードバック
```

実際の時間の使われ方

フレーミングに使われる時間は少ない

©Greenfield Consulting, Inc.

間が使われるのは「情報収集・分析」と「意思決定」であることが、企業のマネジャーへの調査でわかっている（図 2-38）。[*10]

入り口である「フレーミング」を誤ってしまうと、その後の努力は水の泡となってしまう。ハーバード・ビジネス・スクールのセオドア・レビット教授は「経営者の近視眼が悲劇を招く」と題された有名な論文で次のように述べている。[*11]

> 鉄道産業が成長を停止したのは、旅客と貨物の輸送に対する需要が減ったためではない。需要は増え続けている。今日、鉄道会社が危機に見まわれているのは、旅客と貨物の輸送が他の手段（自動車、トラック、航空機または電話にまで）に奪われたためではなく、鉄道会社自身がそれらの需要を満たすことを放棄したからである。鉄道は自らを輸送事業と考えるのではなく、鉄道事業と考えてしまったために、自分の顧客を他へ追いやってしまった。なぜ事業の定義を誤ったかというと、輸送を目的と考えず、

[*10] *Decision Traps*, J.Edward Russo and Paul J.H. Schoemaker, Fireside, 1990, P.5
[*11] 『マーケティングの革新』T.レビット著、土岐坤訳、ダイヤモンド社、1983年、43～44ページ

図 2-39 ● デジタル関連分野の売上推移（2002年は予測）

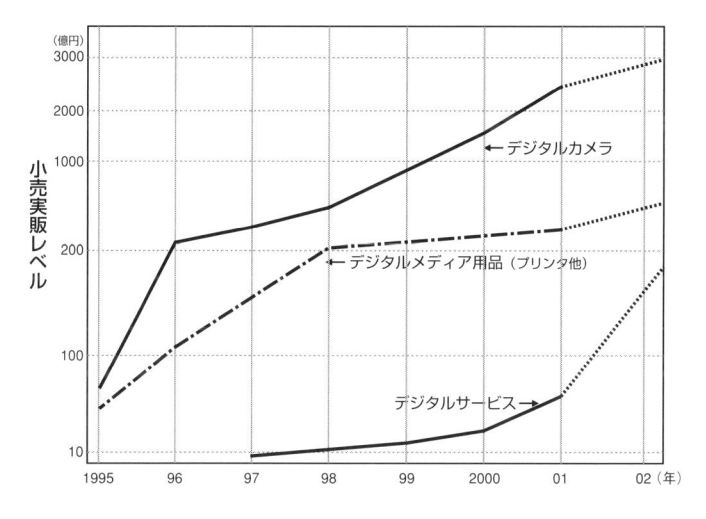

出所：Photo Market 年報 2002

©Greenfield Consulting, Inc.

鉄道が目的だと考えてしまったからなのだ。

　ここで示されているように、問題をフレーミングする際に既知のフレームで問題を狭くとらえすぎると、トラブルを生むことがある。本章の初めで示した、デジタル写真の事例を用いて、「問題をどの範囲でとらえるべきか」について考えてみよう。

　デジタルカメラは年々順調に出荷台数が増え、家庭への普及が進んでいる。一方で、プリントされる比率は銀塩カメラよりも低いということは前述した。大きなトレンドから言えば、デジタルカメラの浸透に伴って、デジタルサービス（DPEなどの写真関連のサービス）市場も拡大しているのは事実である（図2-39）。

図 2-40 ● デジタル化によって顧客にとっての価値実現ツールが増加した

銀塩フィルム用（アナログ）
カメラ使用時の顧客の
価値実現のための活動

撮影 → DPEへ持ち込み → 後で、店頭にて受け取り

Key Factor for Success
DPEの立地
スピード：25分

デジタルカメラ使用時の
顧客の価値実現ツール

図 2-41 ● 写真をめぐる「顧客の選択肢の増加」

		プリント出力（画質）			
		画質中程度		高画質	
プリント入力	パソコン・モバイル	自宅のPCから家庭用プリンタへ接続		自宅のPCからインターネットを介し、DPEに注文、宅配で受け取る	
		メリット	デメリット	メリット	デメリット
		●手軽 ●速い ●パフォーマンス向上中	●大量印刷には時間がかかる	●高画質 ●ネット接続できていれば手間は少ない ●大量印刷可能	●大容量のデータ転送時間 ●日数が必要
	店頭	店頭プリンタにてセルフ印刷		DPEに持ち込み、後で受け取る	
		メリット	デメリット	メリット	デメリット
		●速い ●その「場」でプリントできる	●店頭まで出向く手間 ●大量印刷には時間がかかる	●アクセスポイント多数（DPE2万店以上） ●高画質	●日数が必要 デジタルラボの有無次第

©Greenfield Consulting, Inc.

このような新市場誕生の予兆をいち早くキャッチし、コンビニエンスストアの店頭でもデジタル写真のプリントができる「デジタルキオスク」やインターネットでDPEの注文ができる「インターネットDPE」といった事業に多くの企業が参入した。このような市場の未来について考える時、「デジタルキオスクの未来」や「インターネットDPEの未来」というとらえ方でよいのだろうか。

　銀塩フィルムとフィルム用カメラの時代には、消費者はカメラで撮影した後DPEでプリントしてもらい、写真という画像で自分のニーズを実現していた。「写真を撮る―プリントを受け取る」という一連の活動に他の選択肢はなく、そこでのDPE事業者の競争の論理は、「できるだけ良い立地にDPEを出店すること」と「できるだけ速くプリントして消費者に渡すこと」であった。「できるだけ速く」という点に関して言えば、全国の平均は約25分で、これは「消費者がフィルムをあずけてちょっと買い物に行って戻って来るのに、ちょうどよい時間」と言われている。

　では、「デジタルキオスク」の事業について考える場合、同様に「どこにキオスクを置くか」や「どれだけ速くプリントするか」を考えておけばよいのだろうか。答えはノーである。

　アナログ（銀塩）からデジタルに変わることによって、消費者は一連の価値実現のための活動をいくつか選択できるようになった（図2-40）。

　消費者の視点で言えば、デジタル画像のプリントに関して、少なくとも図2-41に示すような四つの選択肢が与えられている。これは「プリントされる画像について高画質がよいか、中程度の画質でよいのか」という選択肢と「自宅で処理をすませたいのか、従来のように店頭まで出向いてもよいのか」という選択肢の組み合わせから得られる。

　図2-41の左上のセルは「自宅で簡単にプリントしたい」人々のニーズに合致しており、画質は中程度で満足できる消費者層である。右上は「自宅で処理をするのだが、高画質を望んでおり、インターネットDPEにデータを送って、後日、郵便や宅配便で写真を受け取りたい」ニーズを持つ層である。左下は「外出先で撮ったすぐ後に写真を手に入れたい」とか「出かけた際に画像デー

図 2-42 ● 「どの価値連鎖活動を手がけるか」が論点

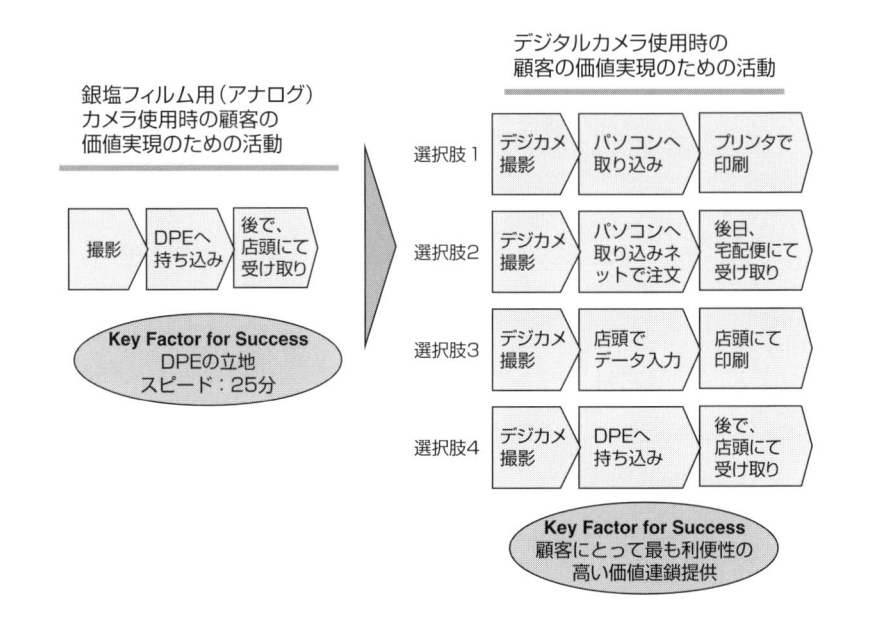

銀塩フィルム用（アナログ）カメラ使用時の顧客の価値実現のための活動

撮影 → DPEへ持ち込み → 後で、店頭にて受け取り

Key Factor for Success
DPEの立地
スピード：25分

デジタルカメラ使用時の顧客の価値実現のための活動

選択肢1：デジカメ撮影 → パソコンへ取り込み → プリンタで印刷

選択肢2：デジカメ撮影 → パソコンへ取り込みネットで注文 → 後日、宅配便にて受け取り

選択肢3：デジカメ撮影 → 店頭でデータ入力 → 店頭にて印刷

選択肢4：デジカメ撮影 → DPEへ持ち込み → 後で、店頭にて受け取り

Key Factor for Success
顧客にとって最も利便性の高い価値連鎖提供

©Greenfield Consulting, Inc.

タを店頭で入力したい」というニーズを持つ。ここがデジタルキオスクの事業領域である。右下は「従来通り、店頭で画像データを渡し、後で写真を受け取りたい」ニーズを持つ消費者層のセルである。

このような「選択肢の多様化」が消費者に与えられたことによって、そこで競争する事業者は、それぞれのセルの中での競争論理（例えば、立地やスピード）を考える前に、「我々は四つの事業の組み合わせのどこで競争するのか。どの事業が消費者に最大限の価値をもたらすのか」をまず考えなければならなくなった（図2-42）。

つまり、「デジタルキオスクの未来」という設問について考察し事業戦略を考える前に、「デジタルイメージの未来」という、より広い範囲の設問を設定して、その答えを見つけなければいけなくなったのである。

このようにフレーミングの仕方によって、答えは大きく影響を受ける。自分の考え方の客観性を常にチェックし、問題の定義はこれでよいのかと考え続ける必要がある。

● 「アウトサイド・イン」発想
　経験則に従って意思決定をする我々は、つい「インサイド・アウト」の発想をしがちになる。「インサイド・アウト」とは「内側から外を見る」意味で、端的に言えば「我々から世の中を見る」ということである。経験則的に知っている「これまでに影響を与えたことのある、または、与えそうな環境要因」を識別し、それらをもとに、さまざまな予測や考察を加えるやり方である。この「与えたことのある」とか「与えそうな」といったところで、そもそも考慮の対象になる要素をスクリーニングしてしまっている。
　このような「インサイド・アウト」発想に対し、「アウトサイド・イン」とは「外側から内を見る」、つまり、「世の中から我々を見る」という発想のことである。世の中の事象を広くとらえ、一見関連なさそうな事象や要因もいったん全て考察し評価する。そのうえでそれらの環境要因がもたらす変化について考察する。これが「アウトサイド・イン」である。この発想の根底には、「自分が知っていると思っている範囲には、自分なりのモノの見方や前提が反映されてしまっている可能性がある。まずは、知らないことがあるという前提で、いったん全体を見てみよう」という謙虚な姿勢がある。
　「世の中」が不連続に変化する環境にあっては、できるだけ客観的に環境をとらえ直す「アウトサイド・イン」が重要である。シナリオはこの「アウトサイド・イン」の発想を促し、特に「アウトサイド」つまり「環境」に特化して考えるものである。シナリオを考えることで「アウトサイド・イン」発想の「クセ」を身につけることができる。

● メタ認知からシナリオ・シンキングへ
　経験則、アンカリング、フレーミングなど「思考の罠」となりうる要素について説明し考察してきた。これらの罠が示唆することは、客観的に考えるため

図 2-43 ● 不連続な環境下での意思決定には "アウトサイド・イン" 発想が必要

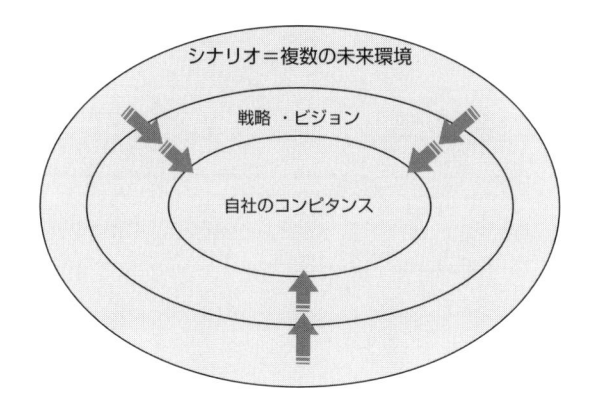

```
シナリオ＝複数の未来環境
　　戦略・ビジョン
　　　自社のコンピタンス
```

©Greenfield Consulting, Inc.

には、自分の思考パターンを認識しそのクセを知っておくことが必要となるということだ。このように、自分の考え方について知ることを「メタ認知」という（メタとは「超えて」という意味。「認知していることを認知する」という意味になる）。

客観的に意思決定しようと思うのであれば、「メタ認知」をして「今自分がどういう思考パターンでものごとを考え意思決定しようとしているか」を理解しつつ意思決定を行え、ということである。そうすることで、意思決定についての思考が多様化し、「罠」に陥る可能性が減ってくる。

そのように、自分を知りつつ意思決定を行っても、意思決定のリスクをゼロにすることはできない。しかし、リスクについてある程度、事前に査定することはできる。意思決定の発展段階の第4段階は、意思決定のもたらすリスクを認識し、複数のシナリオがもたらす結果を考察する「複眼思考」を持つということである。このような考え方は「シナリオ」に基づいて考えるという意味で、シナリオ・シンキングと言えるだろう。

この章の他の参考文献

Group Model Building, Jac A.M. Vennix, John Wiley & Sons, 1996
『クリティカルシンキング 入門篇』E・B・ゼックミスタ/J・E・ジョンソン著、宮本博章他訳、北大路書房、1996年
『考える技術・書く技術』バーバラ・ミント著、山崎康司訳、ダイヤモンド社、1999年
Decision Traps, J.Edward Russo and Paul J.H. Schoemaker, Fireside, 1990
Business Dynamics, John D.Sterman, Irwin McGraw-Hill, 2000
『システム・シンキング』バージニア・アンダーソン/ローレン・ジョンソン著、伊藤武志訳、日本能率協会マネジメントセンター、2001年
『戦略策定』ホファー/シェンデル著、奥村昭博・榊原清則・野中郁次郎共訳、千倉書房、1983年

Scenario Thinking

第 **3** 章

組織の納得性を高める方法

言われるだけでは忘れてしまう。
例をあげて説明してくれても覚えていないかもしれない。
一緒に考えさせてくれるなら理解できるだろう。
——アメリカ原住民の古いことわざ

組織知の重要性

　第2章で「我々は、経験則に基づいて意思決定を行う傾向にある」、「不連続な未来について考えるのなら、帰納的・確率論的に考える必要がある」ということを解説した。これを未来についての考察という観点で、他の考え方、すなわち「完全合理性の下での意思決定」及び「演繹的・決定論的な思考法」と対比してみると図3-1のようになる。

　図3-1で左上は「完璧な予測が可能である」ことを考える思考である。演繹的にロジカルに考えるならば未来を見通すことが可能で、かつ、情報は必要とするもの全てが事前に入手可能だとする考え方だ。右上は、帰納的・確率論的に考えるため、予測は一つではないが、完全合理性を前提としているため、事前にそれら複数の予測に対して発生確率を正しく割り当てることが可能であると考える。左下は、デジタル写真の例で見たような「誤った思い込み」である。限られた情報に基づいて決定論的に考えてしまった結果、「これまでの経験」を引き延ばし、未来に投影してしまう。しかも、それを確率100％で考えてい

図3-1 ● 未来についての考察パターン

		論理的思考法	
		演繹・決定論 (確率＝100％)	帰納・確率論 (0<確率<100％)
意思決定の合理性	完全	完璧な予測	確率で示される複数の予測
	限定的	経験則に基づく思い込み ―願望的予測	リスクを認識した シナリオ・シンキング

©Greenfield Consulting, Inc.

るために、そこにひそむリスクに気づいていない。

　右下は、限られた情報に基づいて意思決定を行っているのであるが、それを帰納的・確率論的にとらえており、思考のリスクに気づいている。結果、予測ではない複数のシナリオを考えるようになる。

　図3-1の右下セルの「シナリオ・シンキング」が本書の主題であるが、この思考を実践するにあたって、二つのハードルの存在を意識し、それを乗り越える必要がある。その二つのハードルは「帰納」と「限定的合理性」の特徴そのものの裏返しでもある。

　まず、帰納的思考法から生まれるハードルは、「多くの事象の中から、どうやって創造的に共通の特徴を見つけ出すか」ということである。過去に見られなかった新しい特徴の発生に気づき、過去・現在と不連続な「未来の文脈（コンテクスト）」をどう見つけ出すかということだ。このハードルを乗り越えるための方法については第4章で解説する。

　二つ目のハードルは、意思決定の「限定的合理性」から生み出される。それは「どうやって経験則的な罠──単純化されたルール──に陥らずに、限定的合理性の『限定』の枠を拡大し続けられるか」ということである。限定的合理性に問題があるからといって、時間をかけて情報を収集しつくし「完全合理性」の方向を目指すという考え方もあるかもしれない。しかし、環境の変化が加速している今日、いたずらに情報収集に時間をかけて、完璧な分析を求めるのは現実的でない。むしろ、「経験則の多様化」をどう短時間で実現するかの方が、効率も良く、効果も高いのではないだろうか。

　組織の中には「金太郎飴」的な同質な人たちばかりでなく、さまざまな見方をする人々が存在する。例えば、停滞しているように見える大企業の中でも中核事業のような大事業に携わる人々と、新規事業の開発を行っている人々では、ずいぶんと「モノの見方」が異なることが多い。このような多様性は、個々人の経験から生まれてくる。つまり、多様な経験を持つ人々の多様な視点を統合することで、「経験則の多様化」が実現可能だということである。経験の豊富さによる限定的合理性の拡大については次のような「チェスの名人」に関する記述がある。

チェスの対戦では、名人は、天文学的な数の配列のなかからおそらく約5万の主要パターン（対戦者同士の駒のやり取りを1回として）を識別し、思い出すことができる。（中略）「チェスのベテランはパターンを見て、その状況に関して自分の知る情報を記憶のなかから取り出すことができるのです」[*1]

　我々一人ひとりがチェスの名人であるわけではないが、個々人の経験を統合することで多様な経験を「組織の経験」として生かすことができる。そのような経験を「組織の知」として活用することで「限定」の枠を拡大していくことができれば、完全な合理性のもとでなくても、より良い意思決定を行うことができるようになる。
　本章では、そのような組織知をどうやって生み出すかについての具体的方法論を述べる。

A（受容度）の向上──組織全体で考え、変革していくためのステップ

　多様な経験に基づいて組織知を生み出すといっても、その知をスタッフの誰か一人がまとめ上げて個人として意思決定するわけではない。できるだけ多くの人間が参画して自ら考え自ら意思決定するのである。
「未来について自ら考え意思決定する」ということは、多くの場合、「未来に向けて組織をどう変革させるのか」という課題に取り組むことと同じ意味になる。生まれたばかりの企業でない限り、「未来についての意思決定」や「新たな戦略の策定・実行」などは、これまでの取り組みを変えることを意味する。つまり、戦略課題はその実行性を考えるとき、変革課題でもあるということだ。
　第2章で紹介した企業のインターネットビジネスの取り組み事例に関して、別の視点でとらえた次のような調査報告がある。ドットコム企業（インターネット企業）へと変革するにあたって、「変革のボトルネックは何か」を「設立

---

*1 「『直感』の意思決定モデル」オールデン・M・ハヤシ著、森尚子訳、『DIAMONDハーバード・ビジネス・レビュー』2001年6月号

図 3-2 ● ドットコム企業に向けての「変革のボトルネック」

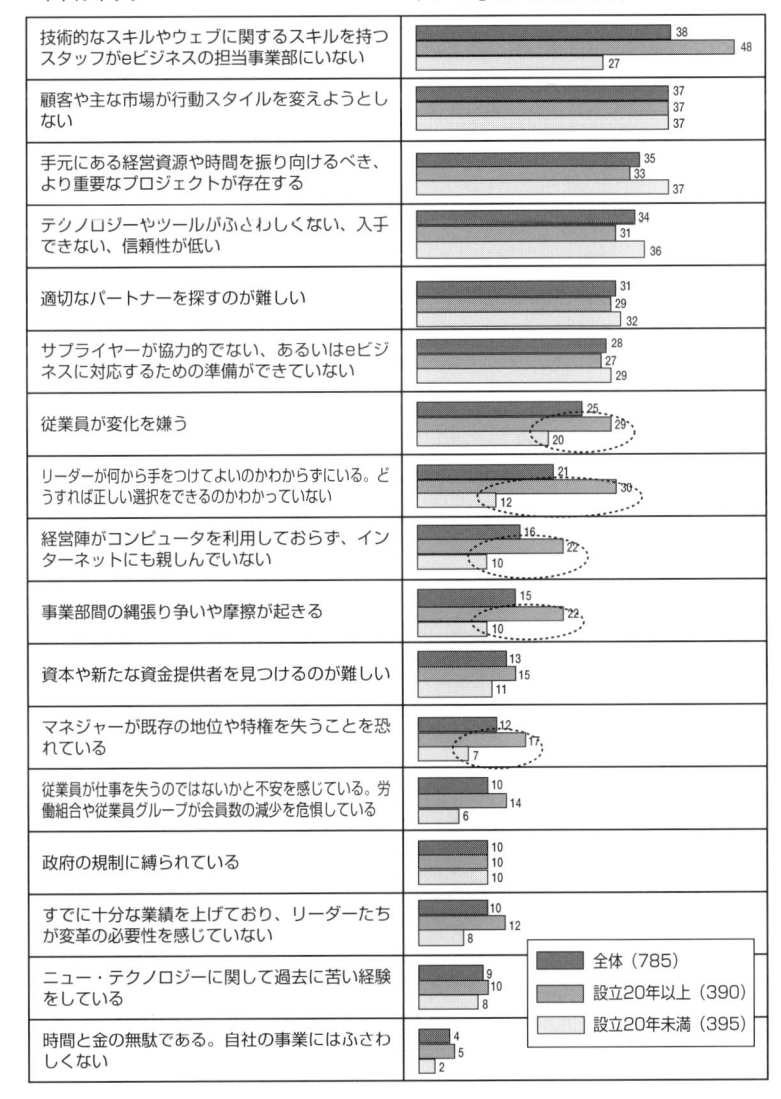

ボトルネック	全体 (785)	設立20年以上 (390)	設立20年未満 (395)
技術的なスキルやウェブに関するスキルを持つスタッフがeビジネスの担当事業部にいない	38	48	27
顧客や主な市場が行動スタイルを変えようとしない	37	37	37
手元にある経営資源や時間を振り向けるべき、より重要なプロジェクトが存在する	35	33	37
テクノロジーやツールがふさわしくない、入手できない、信頼性が低い	34	31	36
適切なパートナーを探すのが難しい	31	29	32
サプライヤーが協力的でない、あるいはeビジネスに対応するための準備ができていない	28	27	29
従業員が変化を嫌う	25	29	20
リーダーが何から手をつけてよいのかわからずにいる。どうすれば正しい選択をできるのかわかっていない	21	30	12
経営陣がコンピュータを利用しておらず、インターネットにも親しんでいない	16	22	10
事業部間の縄張り争いや摩擦が起きる	15	22	10
資本や新たな資金提供者を見つけるのが難しい	13	15	11
マネジャーが既存の地位や特権を失うことを恐れている	12	17	7
従業員が仕事を失うのではないかと不安を感じている。労働組合や従業員グループが会員数の減少を危惧している	10	14	6
政府の規制に縛られている	10	10	10
すでに十分な業績を上げており、リーダーたちが変革の必要性を感じていない	10	12	8
ニュー・テクノロジーに関して過去に苦い経験をしている	9	10	8
時間と金の無駄である。自社の事業にはふさわしくない	4	5	2

©Greenfield Consulting, Inc.

後20年未満の企業」グループと「設立後20年以上経過した企業」グループとに分けて、合計785社に尋ねたものである（図3-2）。[*2]

この調査結果を見ると、どちらのグループにも共通して見られるボトルネックは、第2章に示した調査結果と同じく人材や技術などである。しかし「設立後20年以上経過した企業」の回答が「20年未満の企業」の回答を大きく上回るボトルネックがある。それは、次のようなものである。

- 従業員が変化を嫌う
- リーダーが何から手をつけてよいのかわからずにいる
- 経営陣がコンピュータを利用しておらず、インターネットにも親しんでいない
- 事業部門の縄張り争いや摩擦が起きる
- マネジャーが既存の地位や特権を失うことを恐れている

これらは企業変革やリーダーシップに関わる課題である。つまり、企業が成長の過程を経て大きな組織になった時、「新しい取り組み ＝『ヒト』を中心とする変革課題」という認識が必要だということである。では、どうやって、変革への取り組みをマネジメントできるのだろうか。その答えは個人の成長を考えると見えてくる。

心理学者のクレア・グレーブスは、個人が成長するにあたって三つの要素が必要だと述べている。[*3] それらは「現状に対する不満」、「強靱な精神力・意志」及び「洞察力」である。

まず、「現状に対する不満」がなければ、そもそも成長しようという気にならないだろう。成長への動機が存在しないからである。次に必要なのは「強靱な精神力・意志」である。「現状への不満」があっても「精神力・意志」がなければ、行動を起こすことができずに不満を言うだけの評論家的存在になって

[*2] 『『ドットコム』に失敗する10の法則』ロザベス・モス・カンター著、有賀裕子訳、『DIAMONDハーバード・ビジネス・レビュー』2001年5月号
[*3] 『パラダイム・シフト――価値とライフスタイルの変動期を捉えるVALS類型論』アーノルド・ミッチェル他著、吉副伸逸監訳、TBSブリタニカ、1987年

しまう。最後に必要なのは「洞察力」である。不満と意志があっても「どのように成長すべきか」のビジョンを描く洞察力を持ち合わせていなければ、成長へのプロセスが混乱に陥ることになる。

　この三つの要素の考え方は、個人だけでなく企業の変革プロセスにも適用できる。これまでと異なる未来環境に対応しようとする時、まず必要になるのは、「現状のままではダメだ」という危機感と、「今、変革しなければならない」という合意形成である。第1章で見たような「認識できない状態」が組織全体に蔓延すると、行動の起こしようがなくなる。「現状の延長線上にない未来」を組織として認識し共有化することで、まず最初の一歩を踏み出す必要がある。この認識共有や合意形成が強固であれば、退路を絶ったうえで変革への道のりに歩みだすことができる。この認識の共有化や合意形成を行うためには、そのための「場」が必要となる。その「場」が「ワークショップ」である。これについてはこの後、詳しく述べる。

　次に必要な要素は「精神力・意志」を組織として開発・維持させるリーダーシップである。組織全体で認識を共有化する際に必要なリーダーシップとは、組織に対して強制力を持ち、鞭をふるうようなリーダーシップではない。むしろ、「組織が自ら認識し、変革していける能力」を促進するようなリーダーシップである。「学習する組織」についての権威であるマサチューセッツ工科大学（MIT）のピーター・センゲは、リーダーシップを次のように定義している。

> リーダーシップとは「未来を構築していくためのコミュニティの能力」のことである。特に、「未来を実現するために必要な変革のプロセスに取り組み続けられる能力」のことを指す。[*4]

つまり、変革のプロセスを促し、マネジメントできるようなリーダーシップのことである。これはプロセス型リーダーシップと呼べるだろう。

---

*4　The Dance of Change: the challenges of sustaining momentum in learning organizations, Peter M. Senge 他著, Doubleday/Currency, 1999

図 3-3 ● 組織の成長・変革のためのステップ

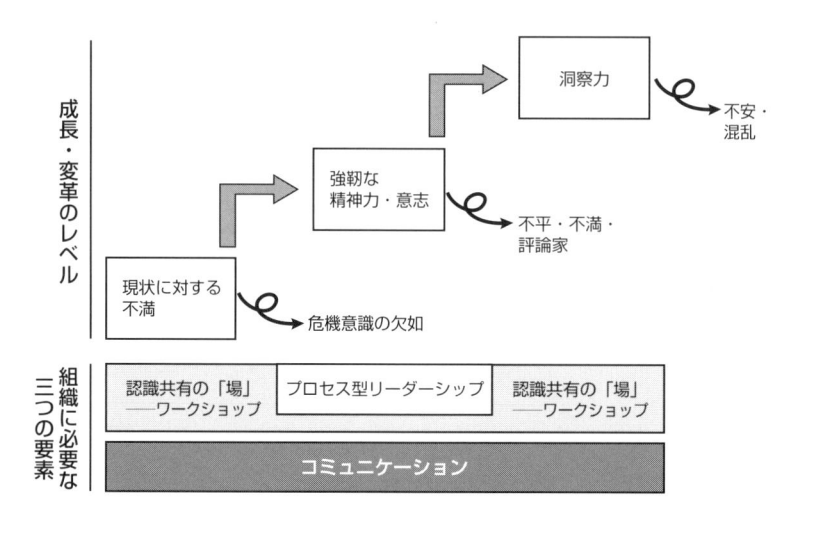

成長・変革のレベル:
- 現状に対する不満 → 危機意識の欠如
- 強靭な精神力・意志 → 不平・不満・評論家
- 洞察力 → 不安・混乱

組織に必要な三つの要素:
- 認識共有の「場」——ワークショップ
- プロセス型リーダーシップ
- 認識共有の「場」——ワークショップ
- コミュニケーション

©Greenfield Consulting, Inc.

　三つ目の要素の「洞察力」についても、多様な経験を統合し、多様な組織知を形成していく「場」を活用することで対処可能となる。

　これらの三つの要素をマネジメントするプロセス全体にわたって必要となるのが、「コミュニケーション能力の高さ」である。多様な経験を統合し、「場」を活用して組織知を拡大するといっても、そのような「場」に直接参加できる数にはある程度限りがある。この弱点を補うためには、「場」にいなかった人々とも認識を共有化しうるコミュニケーションが必要となる。このコミュニケーションについてもこの後詳しく述べる。

　以上の三つの要素「場——ワークショップ」、「プロセス型リーダーシップ」、「コミュニケーション」を図示すると図3-3のようになる。

　これらの要素を見ると、企業変革にあたって組織の人々の「納得性」がいかに重要なポイントかがおわかりいただけるだろう。つまり、受容度（Acceptance）が、質（Quality）とともに大きなウエイトを占めるということである。

以下、これらの「場——ワークショップ」、「プロセス型リーダーシップ」、「コミュニケーション」のそれぞれについて解説を進める。

認識の共有化・合意形成の「場」——ワークショップ

● ワークショップとは何か

　ワークショップとは、もともと「共同作業場」や「工房」を意味する言葉であるが、最近では「参加者が主体的に議論に参加したり、体験したり相互に刺激しあい学びあう、グループによる学びと創造の方法」という意味で使われている。[*5] まちづくりなどのコミュニティ活動などで、住民の参加を促すための「場」としての活用が多いようだ。

　ワークショップは、我々がビジネスで通常行うミーティングとはずいぶん様相が異なる。ミーティングもワークショップも最終的には意思決定や合意形成を目的とするのであるが、そのプロセスが全く異なるのだ。

　我々が「ミーティング」という言葉から思い浮かべるイメージは、通常次のようなものであろう。

- 司会や議長がいる
- 席次が決められている（ヒエラルキーの存在）
- 意思決定する対象としての議題が明確である
- 資料が準備されている
- 発表する側と聞く側の役割分担が明確である
- プレゼンテーションにより資料の説明・発表がある
- 質疑応答がある
- 提示された意見に対する賛否が問われ、意思表示を求められる
- （主に多数決により）グループとしての意思決定が行われ、全体の合意とされる

---

*5 『ワークショップ——新しい学びと創造の場』中野民夫著、岩波新書、2001年

図 3-4 ● ワークショップのレイアウト

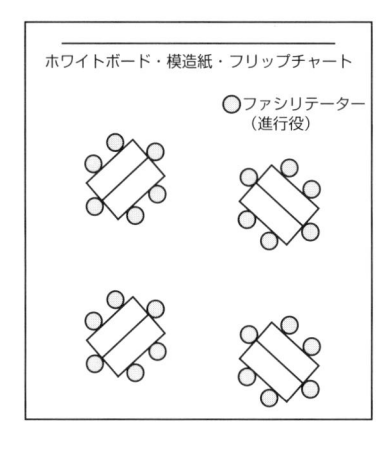

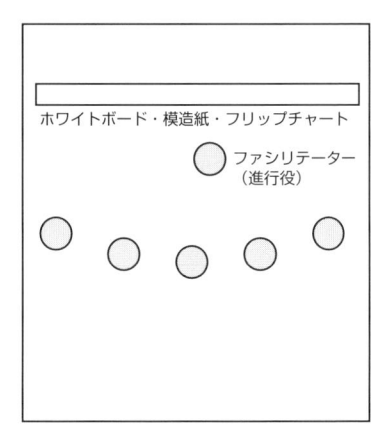

©Greenfield Consulting, Inc.

　このような「場――ミーティング」は主に、「論理性でもって意見の集約（収束）を目指す」ために設定される。議題の設定について正しいのかどうかを問い直す、創造性を発揮して発表内容を組み立て直す、などの行為は参加者には求められない。むしろ、提示された内容について意見し、意思決定することが求められるのだ。

　それに対してワークショップとは、次のような特徴を持つ。

- プロセスの進行役（ファシリテーターと呼ばれる）はいるが、意思決定の最終権限を持つ「議長」ではない
- 席は自由で、いくつかの小グループに分かれたり、ファシリテーターに向かって輪を囲む形で座る（ヒエラルキーは存在せず）(図3-4)
- 議論すべき対象としての議題が明確である
- 議論するための補助資料が準備されている
- 全員が主体的に参加する（ホワイトボード・模造紙の活用、発表の場などを通じて参加しやすいセッティングがなされる）

- 議題に沿って自由に議論や対話を行う。人数が多い場合は、いくつかのグループに分かれる
- 議論した内容を自らホワイトボードや模造紙にまとめていく
- まとめた内容を参加者全員で発表・共有化する
- (いくつかのグループに分かれている場合には) それぞれのグループ間での意見の類似・相違点を、ファシリテーターが中心となってまとめる
- 内容についての質疑応答に加え、「なぜそう考えたのか」についての質疑も頻繁になされる
- 多数決による意見の集約よりも、複数の意見の発生過程や相違点・類似点の共有化により重点が置かれる

ワークショップは意見の集約（収束）を最初から目指すのではなく、参加者の創造性を促し、多様な意見が「テーブルに載る」ような"発散"の場をつくることからスタートする（図3-5）。

個々人の多様な経験から多様性を持った組織知を導き出そうと思えば、そのような「経験」がテーブルに載るような場を持たねばならない。しかしながら、通常のミーティングでは、短時間にイエス／ノーを出すことが求められ、発散して考えることは求められない。そのような発散は、資料を準備する者の仕事

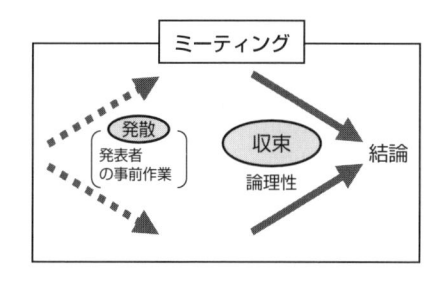

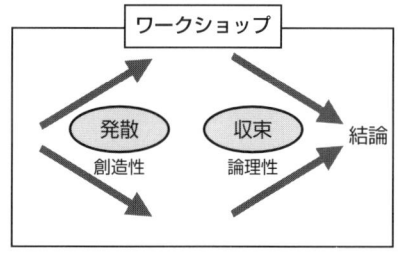

図3-5 ● ミーティングとワークショップの違い

©Greenfield Consulting, Inc.

で、発表までに「事前に」済ませておくことが通常だからである。これでは多様な経験の反映にはならない。最近ではビジネスの場でも、組織内に存在する「多様な知」を統合するためにワークショップが多く活用されるようになってきている。ミーティングが平均的に2時間程度のものが多いのに対し、ワークショップは半日程度で終わるものから、長いものでは数日間かけて合宿形式で行われるものまである。

では、ワークショップの場において、多様な意見を「テーブルに載せる」意味とは何であろうか。それは、前提を議論するということに他ならない。

◉ 前提を議論する

議論をして意思決定を行うとき、我々が知りたいのは結論である。ミーティングの発表者が何を言おうとしているのかを早く聞き、自分の態度を決めたいと思う。時間の制約がある状況ではなおさらである。そのために、発表する側も早く結論を言うように教育される。「要点をまとめる。それを最初に発表する」などのルールだ。これは、非常に効率的であるが、そこにはその発表が前提とした仮説や事実は何なのかを排除してしまう危険がひそんでいる。

例えば、「地球環境問題が深刻である」という要点だけからでは「何が原因でそう思ったのか」までは明らかではない。第2章で見た因果関係で言えば、

図 3-6 ● 地球環境問題の認識についての因果関係

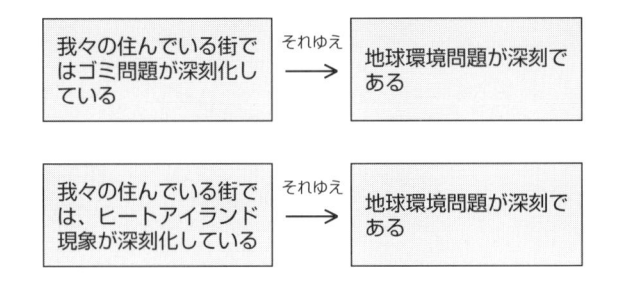

| 我々の住んでいる街ではゴミ問題が深刻化している | →それゆえ | 地球環境問題が深刻である |

| 我々の住んでいる街では、ヒートアイランド現象が深刻化している | →それゆえ | 地球環境問題が深刻である |

©Greenfield Consulting, Inc.

図 3-7 ● 地球環境問題の認識についての因果関係：前提と結論

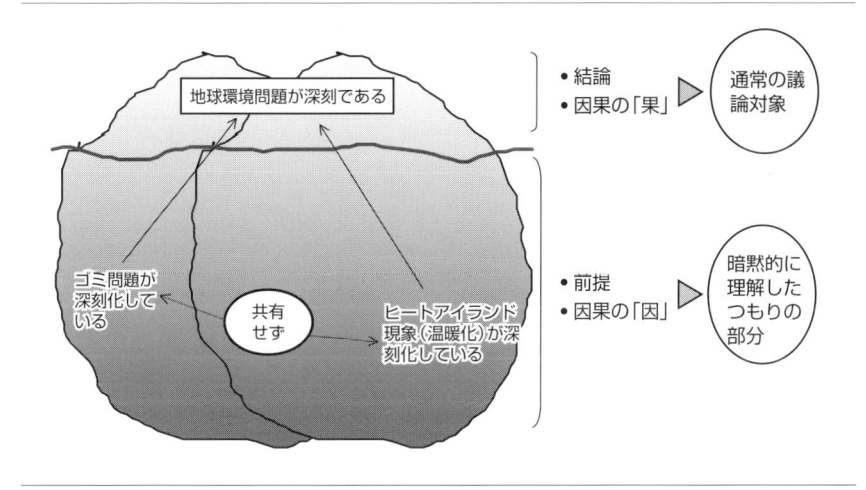

- 地球環境問題が深刻である
- ゴミ問題が深刻化している
- 共有せず
- ヒートアイランド現象（温暖化）が深刻化している

- 結論
- 因果の「果」 ▷ 通常の議論対象

- 前提
- 因果の「因」 ▷ 暗黙的に理解したつもりの部分

©Greenfield Consulting, Inc.

図3-6に示した二つの論理がともに成り立つ。

結論は同じでも、基礎とした前提が異なることで「何について議論すべきなのか」が大きく異なる。その前提を共有しないまま議論すると、地球環境問題についての解決策は、「ゴミ」問題を優先させるのか、「温暖化防止」を優先させるのかが不明確なままとなってしまい、後々混乱をきたす。

図3-6に記した因果関係を縦に描くと（図3-7）、我々は通常「氷山の上」を議論する傾向にあることがわかる。

人間は、身近な「原因」ほど理解しやすい。これは前述の「人間は時間・空間的な距離が大きい因果関係をとらえるのが得意でない」ことに起因している。地球環境問題についての認識は、実際に図3-8のようになっている。

都市に住む人々は温暖化問題により関心があり、町村部に住む人々はゴミ問題により関心がある。このように、都市に住む人々と町村部に住む人々では、同じ「環境問題」であってもとらえ方や意識に大きな差があり、自分に身近な問題に関心があることがわかる。[*6]

このように異なる視点を持つ人々を一堂に会し、多様な組織知を形成してい

図 3-8 ● 地球環境問題への関心

関心があると答えた人の割合

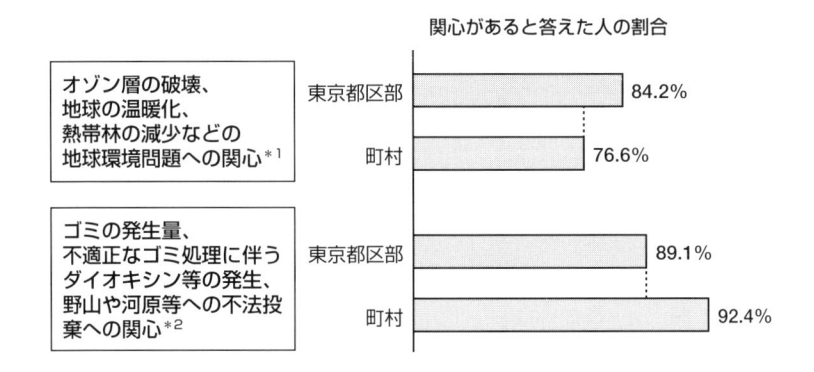

オゾン層の破壊、地球の温暖化、熱帯林の減少などの地球環境問題への関心*1
- 東京都区部：84.2%
- 町村：76.6%

ゴミの発生量、不適正なゴミ処理に伴うダイオキシン等の発生、野山や河原等への不法投棄への関心*2
- 東京都区部：89.1%
- 町村：92.4%

*1 「地球温暖化防止とライフスタイルに関する世論調査」内閣府大臣官房政府広報室、平成13年7月
*2 「循環型社会の形成に関する世論調査」内閣府大臣官房政府広報室、平成13年7月

©Greenfield Consulting, Inc.

くためには、「氷山の下」すなわち「前提」をオープンにし、議論していかねばならない。そして、「氷山の下」に眠る思い込みを明らかにすることで自分の思考のバイアスを是正していくことも可能である。通常、議論されない「氷山の下」は「他人の思考について理解したつもりになっている部分」である。このような「暗黙の理解」をあえて表出化させて議論することで、暗黙にひそむ誤解を解き、多様な前提に基づく組織知を形成していくことができるようになる。

未来を考察するにあたっては、特にどういう前提に基づいて考えたのかを理解せずに、氷山の上に見える予測結果だけを信じてしまうと大きなリスクとなる。企業の経営に携わる者であれば、世の中に出回っている予測が、どういう前提で立てられているかを考察し、その前提が正しいと思えるのかどうかを判断する必要がある。この点について前掲のセオドア・レビット教授は次のよう

---

*6 この違いについては、明治学院大学経済学部・専任講師の服部圭郎氏よりご示唆をいただいた。

に述べている。*7

> 口が達者な予言者の発言を真に受けて経営を誤る前に、こう尋ねてみるとよい。「予測された事象が起こるには、どんな条件が揃わねばならないのか」
> まず、何が起こらなければならないのか。大昔からの社会規範のうち、何が変わらなければならないのか。伝統的な企業慣行のうち、何を捨て去らなければならないのか。(中略) 昔からある人間的偏見、習慣、伝承、教義のうち、何が否定され、何が変革されなければならないのか。それはどれくらい変える必要があるのか。どのような妥協や調整が可能なのか。

　前提を議論する時の「議論する」とは「討議する」というよりも「対話する」というイメージに近い。対話とは英語の Dialogue の訳語であるが、これは「通じて」を意味する dia と「言葉・意味」を意味する logos からなっている。つまり、意味の流れ（Flow of Meaning）という元々の意味を持つ。「私の意味していること」と「あなたの意味していること」が相互に交流しあう。これが、まさに対話であり、前提を議論するということである。
　また、「討議」と「対話」では、相手の話を聞くことに対する姿勢が大きく異なる。ミーティングの場での討議では、自分の意見を守る必要がある。そのために、相手の話を聞きつつも、その攻撃に対しての対策を考え続けている。これでは、聞くことに100％の努力を向けることができない。対話では、自分の知識の限界を認識し、その限界を拡大するために相手の話を聞く。攻撃に対する防御ではなく、相手の言っている「意味」を探ることでより良い知識を形成しようとする。そのために、聞くことに100％集中できる。結果、相手の意見を参考に自分の意見・知識を深めていくことが容易になる。

---

*7 『レビットのマーケティング思考法——本質・戦略・実践』セオドア・レビット著、土岐坤＋DIAMONDハーバード・ビジネス・レビュー編集部訳、ダイヤモンド社、2002年

● 発散と収束のプロセス

「テーブルに載せられた」前提だけでは、発散はまだ十分とは言えない。他の人々が発想の基盤としている要素がわかっただけでは、創造性が十分に発揮されたとは言えないからである。

発散のプロセスとしては、ブレーンストーミング手法が主に用いられる。

ワークショップの参加者が、議題に対してのアイデアや意見を付箋に記入し、模造紙・フリップチャートやホワイトボードに張り出すのが一般的である。ブレーンストーミングのルールは、非常にシンプルである。

- 全てのアイデアや意見が認められる
- アイデアや意見の評価・分析はブレーンストーミング中には行わない

図3-9 ● ブレーンストーミングのイメージ

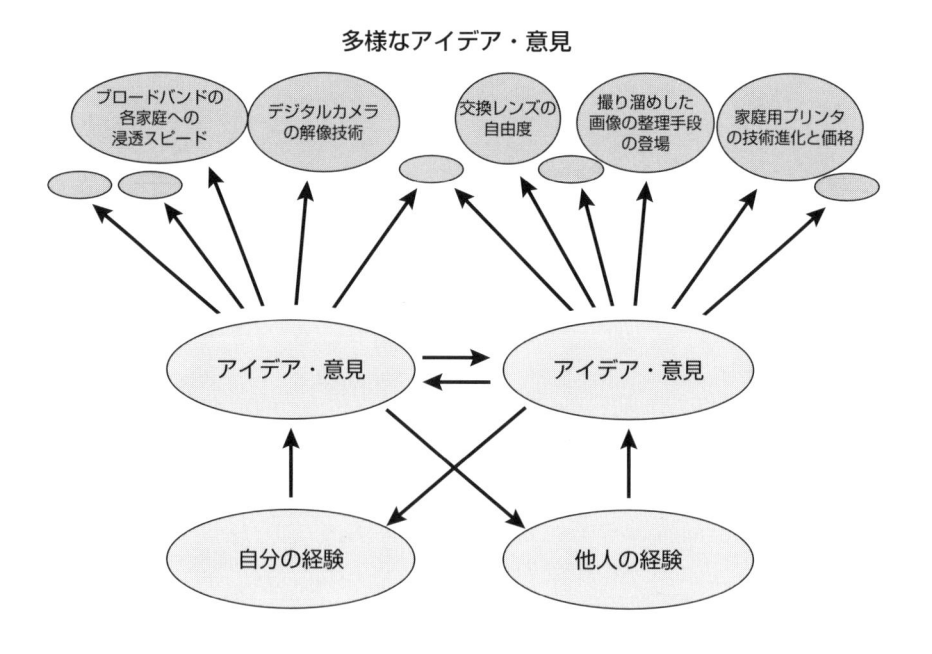

多様なアイデア・意見

（ブロードバンドの各家庭への浸透スピード／デジタルカメラの解像技術／交換レンズの自由度／撮り溜めした画像の整理手段の登場／家庭用プリンタの技術進化と価格）

アイデア・意見 ⇄ アイデア・意見
自分の経験　他人の経験

©Greenfield Consulting, Inc.

図 3-10 ● KJ法のイメージ

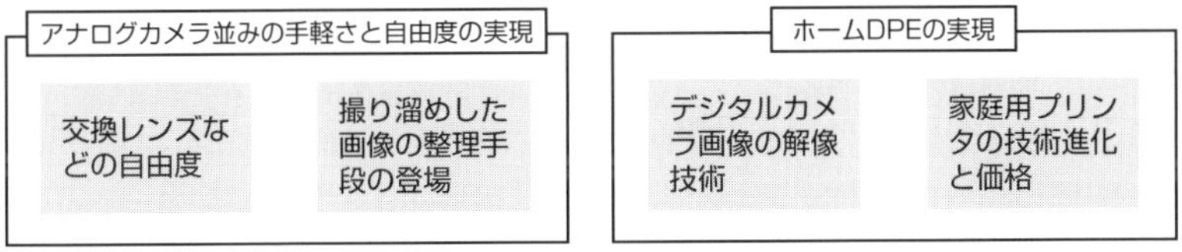

アナログカメラ並みの手軽さと自由度の実現		ホームDPEの実現	
交換レンズなどの自由度	撮り溜めした画像の整理手段の登場	デジタルカメラ画像の解像技術	家庭用プリンタの技術進化と価格

©Greenfield Consulting, Inc.

- 他人のアイデア・意見を参考にして自分のアイデアを膨らませる
- 書き出されたアイデア・意見を張り出す[*8]

例えば、「デジタルイメージの未来」を考察するにあたって「どのような要素が重要となるか」という問いかけを、ワークショップの参加者に投げかけたとしよう。Aさんは、「ブロードバンドの各家庭への浸透スピードが重要な要素である」と言うかもしれないし、Bさんは「デジタルカメラ画像の解像技術」、Cさんは「交換レンズなどの自由度」、Dさんは「撮り溜めした画像の整理手段の登場」、Eさんは「家庭用プリンタの技術進化と価格」といったように、多様な要素が出てくるだろう（図3-9）。

ブレーンストーミング段階では、これらのアイデアをその場で評価するのではなく、他人の意見を参考にしながら新たな発想を重ねていく。他人の経験を活用しながら、自分の経験から新たな要素を見つけ出すというプロセスである。

アイデア・意見がある程度出つくした段階で、大きなモレがないかを確認する（このプロセスの詳細は第4章で述べる）。特に問題がなければ、「収束」の段階へと進む。

収束の段階でまず用いられる一般的な方法はKJ法であろう。KJ法は親和図法とも呼ばれる。1枚ずつの紙にそれぞれ記されたアイデア・意見を何らかの

[*8] *Team Think*, Ava S. Butler, McGrawHill, 1996

共通特性でグルーピングしていく手法である。

例えば、図3-9の事例だと図3-10のようになる。

この図の「アナログカメラ並みの手軽さと自由度の実現」、「ホームDPEの実現」という二つのグループの特性名（ラベル名）は、それぞれの2枚のカードを見て、創造性につけられた共通的特性である。こうやって新たなカテゴリーをつくり、特性に「名前」（ラベル名）を与えることで、新しいパターンが見えてくる。個人一人では見えなかった新たな文脈が見える瞬間である。集団としてのそのような発見は、個人にとって新たな「気づき」となる。気づきが多ければ多いほど、自分のメンタル・モデルを意識して変えることがやりやすくなる。また、グループ全体として新たな概念を見つけ出すことができれば、多数の参加者の知識を活用しながらいくつかの新しい組織知へと収束していくことができる。

プロセス型リーダーシップ——ファシリテーター

● リーダーシップスタイル

多数の参加者が、それぞれ持つ豊かな経験を提供しあい、互いに学びあう。これがワークショップという「場」で行われることである。では、この場を活用し変革に向けて皆をリードするリーダー像とはどのようなものであろうか。

リーダーが自らの経験に基づき、その「経験の豊富さ」で皆をリードするのであれば、他の参加者は教えをありがたく受けるだけの生徒になってしまう。そのような「先生 vs. 生徒」という構図では、新たな発見は起きない。むしろ、ここで求められるのは「発見を探求する参加者」とその探求のプロセスを側面から支援する「プロセスのエキスパート」であろう。コンテンツ（発見の内容）そのものを提供するのではなく、あくまでもプロセス（発見し学びあう過程）をマネジメントするのである。このようなマネジメントのもとで前述のような「未来を実現するために必要な変革のプロセスに取り組み続けられる」能力を参加者が身につけられれば、企業の内部メンバー自身の力で企業を変革していくことができる。

環境の変化が激しい今日では、過去の成功事例を現在・未来に適応することができない。つまり、リーダーの持つコンテンツを現場で実行する人々に伝えるだけでは意味がないのだ。むしろ「どう考えていくか」のプロセスを提示・共有することで、「変化を感じている人々が、組織階層やポジションにかかわらず、自ら意思決定していくこと」が今日求められている。そうすることで、納得性を持って、つまり A（受容度）を高めて、変革に取り組むことができる。そこでの、リーダーと参加者の構図は「先生 vs. 生徒」ではなく、「コーチ vs. アスリート」というイメージに近い。

　先生と生徒はコンテンツ（教える内容）を媒介として向かい合っており、情報のフローは「先生から生徒へ」と一方向である。これに対しコーチとアスリートは、コーチがトレーニング・プロセスや走るプロセスについて指導をするものの、実際のコンテンツ（走る行為）はアスリートが担当する。また両者は向かい合うのではなく、同じ方向を向いて共通のゴール・目標（記録）を目指す。情報のフローは両方向あり、アスリートのつくるコンテンツ（記録）に基づいて、プロセス（指導法）にも修正がかかる。

　このようにプロセスを中心として、解決策をつくる者たちの能力を引き出すこと、共通の目標を目指すような動機づけを行うことが、今求められているリーダーシップである。それは、「全員で同じ世界を見て認識を共有し、退路を断ったうえで、不連続な未来に向けての意思決定を行える」能力を組織内に開発するためのリーダーシップだ。

● ファシリテーターの役割

　ワークショップにおけるプロセス型リーダーは、ファシリテーターと呼ばれる。参加者間での「対話」を促進（ファシリテート）する役割を持つと同時に、ワークショップの運営プロセスについても責任を持つ。対話を仕掛ける、プロセス・マネジャーと言えるだろう（図3-11）。
「ワークショップでは、発散から始め収束を目指す」と述べたが、実際にはこの「発散から収束までの流れ」は、1回で終わりではなく、何度か繰り返される。発散と収束のプロセスは、学習するプロセスでもあるので、「学びのサイ

図 3-11 ● ファシリテーションとファシリテーターの役割

ファシリテーション：共有された目的に対して、参加者の主体的参画と創造性の発揮が実現できるようなプロセスをデザイン・実践することで、参加者をリードする技法

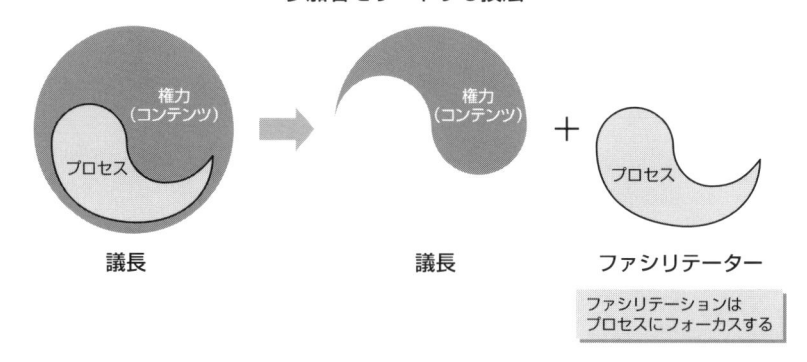

権力（コンテンツ）
プロセス
議長

権力（コンテンツ）
議長

＋

プロセス
ファシリテーター

ファシリテーションはプロセスにフォーカスする

©Greenfield Consulting, Inc.

クル」ととらえ「反復すること（Iteration）」が重要である。さらにサイクルを繰り返すことで、最初のサイクルでは気づかなかった事象に気づくようになる。

発散していく過程は、自分と全く違う視点から出される他人の意見に感心することもあり楽しいものだが、発散から収束に向かう過程では、多様な意見がまとまらなかったり、参加者同士が、意見や前提について対立したりするなどの感情的になる瞬間が見られる（図3-12）。

ファシリテーターはこのような感情的なプロセスも想定し、中立的な立場を維持しながら対話を促していく役割を担わなければならない。ファシリテーターの役割をまとめると次のようになる。

- ワークショップの目的や議題の設定
- 進行スケジュール／ロジスティックスのアレンジ
- 中立的立場で、コンテンツでなくプロセスにフォーカス

図 3-12 ● 発散と収束を繰り返しながら合意形成に辿り着く

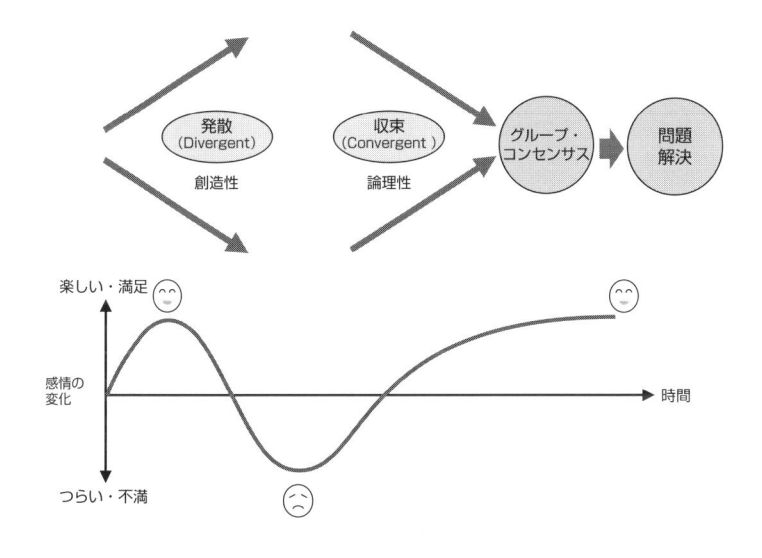

©Greenfield Consulting, Inc.

- 議事進行の管理
- 参加者全員の意見表明の促進
- 結論・合意形成の実現
- 発言の記録
- 「グループ・メモリー」の掲示

ワークショップに参加する個々のメンバーには、以下のような役割が求められる。

- ワークショップへの積極的参画
- 参加者全員の意見表明の促進と協力
- オープン・マインドの維持
- 他人の発言への性急な評価の自制

効果的なコミュニケーション

　ワークショップの「場」で共同でつくりあげられた対話結果は、参加者の多様な経験をベースとして生まれた「組織知」であり、効果的な意思決定を行うための組織としての「新たな記憶」である。

　ワークショップは参画型で運営されるため、そこには「参画しなかった人々にどう伝え、意思決定にどう巻き込んでいくか」という新たな課題が生まれる。その「場」にいなかった人々に効率良く、効果的に伝えるためのコミュニケーション方法が重要だということだ。

◉ ストーリーの重要性

　コミュニケーションを行うにあたっての基本は、「伝える側の努力が最も重要だ」という点である。どんなに良い内容をつくり込んでも、相手に伝わらなかったり、聞いてもらえなかったりするのでは意味がない。ワークショップの成果を発表した後の質疑応答の時間で、意味の理解のための質問が大半を占めているようでは良いコミュニケーション資料とは言えないであろう。そのためには、コミュニケーションする相手の「聞く負担」をできるだけ減らし、シンプルな内容になるように心掛ける必要がある。
「シンプルにする」というと、箇条書きのことを思い浮かべるかもしれないが、箇条書きではなく、ストーリー（物語）の方が、記憶に残りやすく、聞く側にとっては、結局負担が少ないことが知られている。

> 　学習においてもストーリーは重要な役割を果たす。高校生の学習プロセスについて言語学者が行った調査によれば、『タイム』や『ニューズウィーク』誌を使ったストーリー形式の学習が、学習・記憶という点で最も効果的であるという結果が出ている。たとえば、米国史の教科書をストーリー形式に書き換えてみたところ、普通の教科書の３倍の記憶効果があったという。[*9]

伝える内容をストーリーにしようと思えば、話のつながりを明確にし、因果関係を織り込まなければならない。箇条書きでは省くことのできた前提や条件を、まず述べなければ話がつながらなくなるのだ。
　また、ストーリーであれば、話全体が一つの「かたまり」としてまとまるのに対し、箇条書きは、個々の要素が前面に出て話が分断されがちになる。
　例えば、次のような例はどうだろうか。
「人民の、人民による、人民のための政府」という有名なフレーズが語られたリンカーン大統領のゲティスバーグ演説である。

　　八十と七年前、私たちの父祖は、この大陸に新たなる国家を打ち立てました。自由を原点として懐胎され、人はみな平等であるとの命題に捧げられた国家です。

　　今私たちは、たいへんな内戦の渦中にあります。その国家が、あるいはそのような原点と命題とを奉じる国家一般が、長らえることができるかどうかが試されているのです。私たちはその戦争の激戦地に集っています。その国家が生き長らえるためにこの地で命をなげうった人々の最後の安息の地として、その戦場の一角を捧げるために集まりました。それは私たちにとって、全くもってふさわしく、また理にかなった行ないであります。

　　しかし、より大きな意味では、私たちがこの土地を捧げることはできません。この土地を聖別したり、神に捧げたりすることはできません。この地で奮闘した勇敢な人々こそが、生きている方々も戦死した方々も含め、すでにこの地を聖別しているのです。それに付け加えたり、差し引いたりすることは私たちの貧弱な力の及ぶところではないのです。私たちがここで話すことは世界の耳目を引くこともなく、やがて忘れ去られることでしょう。

＊9　「3M：組織を巻き込む"戦略ストーリー"の技法」ゴードン・ショー他著、沢崎冬日訳、『DIAMONDハーバード・ビジネス・レビュー』1998年9月号

しかし、彼らがこの地でなしたことは、永遠に世界の記憶に留められるのです。この地で戦った人々がこれまで気高くも進めてきた未完の仕事を完遂するために、私たち生きている者は、むしろ自らの身を捧げるべきなのです。

私たちの前には大いなる責務が残されています。名誉ある戦死者たちが最後まで完全に身を捧げた大義のために、私たちもいっそうの献身をもってあたること。これらの戦死者たちの死を無駄にしないと高らかに決意すること。神の導きのもと、この国に自由の新たなる誕生をもたらすこと。そして、人民の、人民による、人民のための政府をこの地上から絶やさないことこそが、私たちが身を捧げるべき大いなる責務なのです。[*10]

　このリズム感にあふれるスピーチが、プレゼンテーションソフトを使った箇条書きだったらどうだっただろうか（図3-13）。[*11]
　これでは、「言いたいこと」はわかるかもしれないが、話の内容は記憶に残らないだろうし、心を揺り動かされることもないのではないか。その理由は、箇条書きは前述したように、「話の一貫性・ストーリー性」や「考え方の前提」が盛り込まれていなくても成り立つからである。

　ワークショップの「場」でつくりあげられた内容が記憶に残りやすいストーリーとなることで、組織内の多くの人々に伝えやすくなる。そのストーリーが組織の人々が共有できる新たな言語となれば、人々の納得性を向上させるにあたって大きな役割を果たす。

---

*10 『南北戦争　49の作戦図で読む詳細戦記』（クレイグ・L・シモンズ著、友清理士訳、学研M文庫）訳者あとがきより
*11 この内容は、Peter Norvig氏が作成したものを、同氏の許可を得て筆者が翻訳・転載したものである。このプレゼンテーションはhttp://www.norvig.com/Gettysburg/index.htmからダウンロードできる。

図 3-13 ● ゲティスバーグ演説の「プレゼンテーション用スライド」

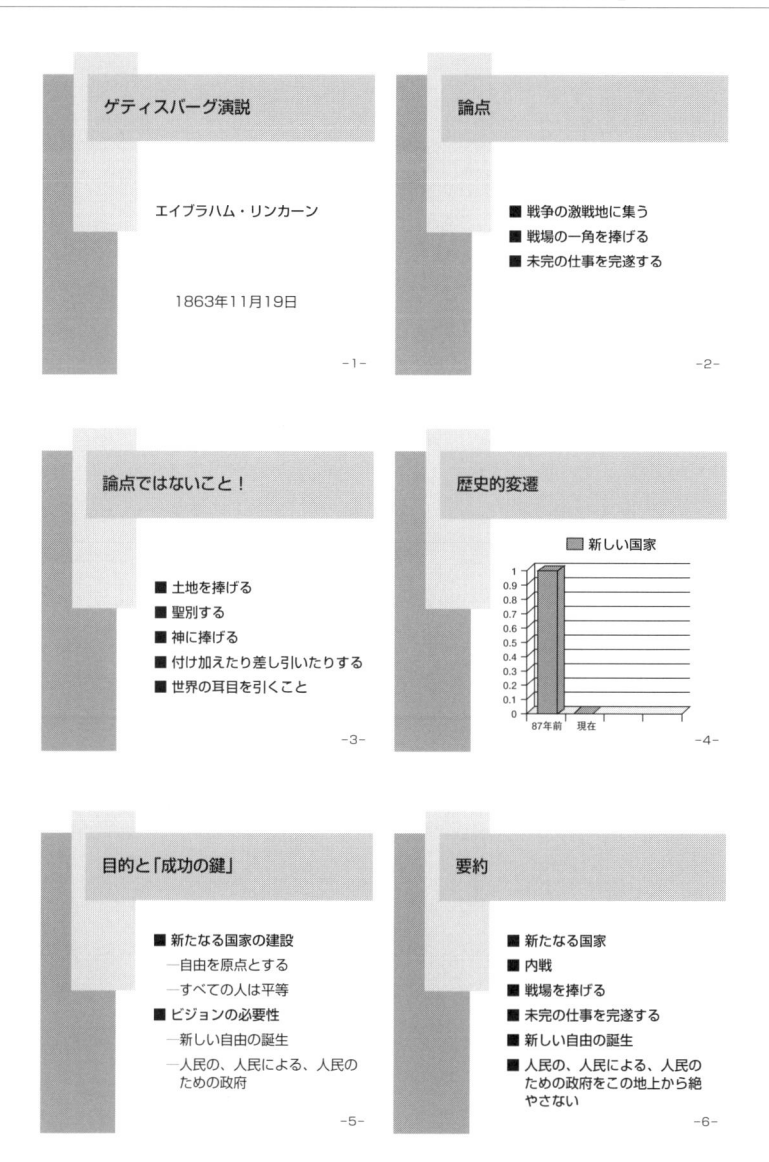

スライド 1
ゲティスバーグ演説
エイブラハム・リンカーン
1863年11月19日

スライド 2
論点
- 戦争の激戦地に集う
- 戦場の一角を捧げる
- 未完の仕事を完遂する

スライド 3
論点ではないこと！
- 土地を捧げる
- 聖別する
- 神に捧げる
- 付け加えたり差し引いたりする
- 世界の耳目を引くこと

スライド 4
歴史的変遷

(棒グラフ：新しい国家　87年前＝1、現在＝0)

スライド 5
目的と「成功の鍵」
- 新たなる国家の建設
  - 自由を原点とする
  - すべての人は平等
- ビジョンの必要性
  - 新しい自由の誕生
  - 人民の、人民による、人民のための政府

スライド 6
要約
- 新たなる国家
- 内戦
- 戦場を捧げる
- 未完の仕事を完遂する
- 新しい自由の誕生
- 人民の、人民による、人民のための政府をこの地上から絶やさない

©Greenfield Consulting, Inc.

以上、組織としての「知」をつくり「記憶」をつくるための三つの要素、すなわち、
- 認識共有化、合意形成の「場」——ワークショップ
- プロセス型リーダーシップ——ファシリテーター
- コミュニケーション——ストーリーの重要性

について概観した。

　これは、シナリオ・シンキングを組織で行っていく場合の一つのハードル「限定合理性の限定の枠をどう拡大するか」を乗り越えるための方法論であった。ファシリテーションの具体的な手順とプレゼンテーションをストーリー性あるものにするためのテクニックについては、巻末の「付章」を参照されたい。

　次の章では帰納的思考法から生み出されるもう一つのハードルについて触れ、シナリオ・シンキングの全体像を概観する。

この章の他の参考文献
　『続・発想法——KJ法の展開と応用』川喜田二郎著、中公新書、1970年
　Dialogue and the art of thinking together, William Isaacs, Currency/Doubleday, 1999

Scenario Thinking

第4章

シナリオを実際に作成する

幸運は準備できている人だけに訪れる。
――細菌学者　パスツール

第2章では、意思決定に関する思考の発展段階の4番目として、意思決定のリスクを意識したシナリオ・シンキングがあることを紹介した（図4-1）。続く第3章では、シナリオ・シンキングを実践するにあたって「限定的合理性」及び「帰納的思考法」の特徴から生まれるハードルを乗り越える必要があることを指摘した。

　本章では帰納的思考法から生まれるハードル、すなわち「多くの事象の中から、どうやって創造的に共通の特徴を見つけ出すか」という点に触れつつ、実際のシナリオづくりを通してシナリオ・シンキングのステップ全体を説明する。

帰納的思考法のハードルとシナリオ・シンキングのステップ

　多くの事象の中から創造性を発揮して未来のパターンを見つけ出すためには、第3章で触れた「発散から収束まで」のプロセスの実践が個人においても必要となる。自分一人でシナリオを考える場合でも、自分の知識の限界を意識しつ

図 4-1 ● 意思決定に関する思考方法の発展段階

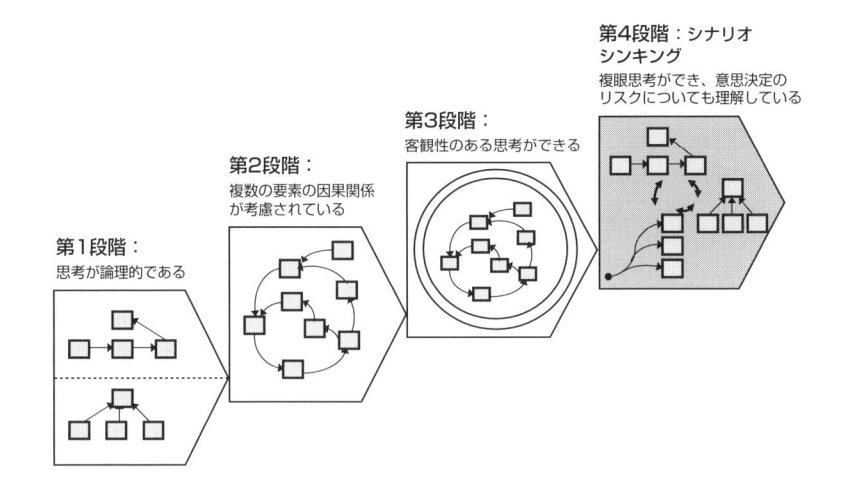

第1段階：
思考が論理的である

第2段階：
複数の要素の因果関係が考慮されている

第3段階：
客観性のある思考ができる

第4段階：シナリオシンキング
複眼思考ができ、意思決定のリスクについても理解している

©Greenfield Consulting, Inc.

図 4-2 ● シナリオ・シンキングの五つのステップ

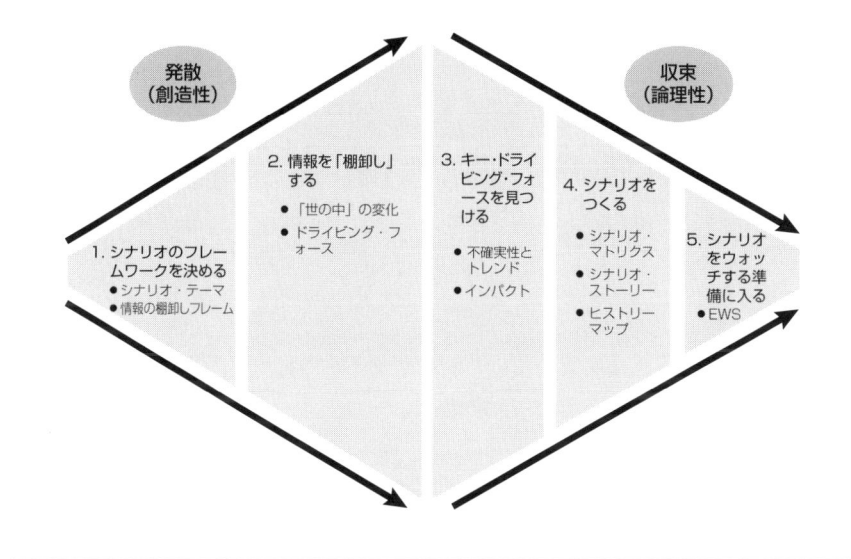

発散（創造性）　　収束（論理性）

1. シナリオのフレームワークを決める
   - シナリオ・テーマ
   - 情報の棚卸しフレーム

2. 情報を「棚卸し」する
   - 「世の中」の変化
   - ドライビング・フォース

3. キー・ドライビング・フォースを見つける
   - 不確実性とトレンド
   - インパクト

4. シナリオをつくる
   - シナリオ・マトリクス
   - シナリオ・ストーリー
   - ヒストリーマップ

5. シナリオをウォッチする準備に入る
   - EWS

©Greenfield Consulting, Inc.

つ、従来とは違う見方ができないかトライしてみる姿勢が重要だということだ。これは、「世の中」の変化動向を「棚卸し」し、「複数の未来（シナリオ）」を構成する要素（キー・ドライビング・フォースと呼ぶ）を見つけ出す際に、特に意味を持つ。キー・ドライビング・フォース次第で未来の概要が大方決まってくるからである。

　図4-2はシナリオ・シンキングのステップ全体を概観したものである。
　まず、最初のステップでシナリオを考えるフレームワークを決める。第２章で見たように「フレームの仕方」によって答えが異なることがあるので、どういうフレームで考えるかについては注意が必要だ。第２ステップとして「世の中」の変化動向を「棚卸し」する。自分の既存の知識にとらわれずに、広く「世の中」をながめてみるということである。そして続く第３ステップで「未来を形づくる鍵」となるようなキー・ドライビング・フォースを見つけ出す。

その過程では、既存のカテゴリーや情報の「棚卸し」で活用した「事前のカテゴリー」を超えて、新たなキーワードのつけられるカテゴリーを見つけ出す必要がある。この点は、帰納的思考法のハードルを乗り越えるためのポイントとなる。

いくつかのキー・ドライビング・フォースが見つかったら、それを用いて「複数の未来シナリオを構築する」のが第4ステップである。そして、最後の第5ステップではつくられたシナリオをウォッチするための準備を行う。

これらの五つのステップで、シナリオが一通りできあがる。ここからはそれぞれのステップについて事例を交えながら説明していく。

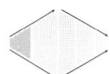

ステップ1：シナリオのフレームワークを決める

このステップではシナリオ、すなわち「複数の未来」を考えるにあたって、二つのフレームを決める。シナリオ自身のフレームと「棚卸し」する情報のフレームである。

◉ シナリオのフレーム

未来を考察するといっても、「何年先の話なのか」「どこまでの範囲を考えておくのか」を事前に決めておかねば、話が発散する一方で意思決定に役立つものとはならない。シナリオについて事前に決めておくべきポイントとして、以下の3点がある。

- **時間軸**：5年後の未来、10年後の未来、20年後の未来などの時間軸をあらかじめ決めておく必要がある。この時間軸により未来像が異なってくるからである。時間軸の決め方については、二つの視点で考えることが必要になる。一つは、「変化のスピード」である。インターネットやモバイル通信などの「変化の速い」業界であれば、3～5年先のことを考えるのが限界かもしれないが、例えば「日本の地方自治の未来シナリオ」を考える

のであれば、諸々の要因の変化スピードから見て5〜10年くらい先のことを考えなければ複数のシナリオを描く意味はないだろう。二つ目の視点は、投資等の戦略の時間軸との兼ね合いである。例えば、5年先の投資までがほぼ決定されているような業界（例えば、エネルギー業界などで投資が既に始まっているような場合）で、3年後の未来シナリオを描いても戦略にまでつながらない可能性がある。

- **未来のテーマ**：「何の未来についてのシナリオを描くのか」というのがテーマの設定である。第2章で述べたように、テーマを狭く設定しすぎると重要な変化要因を見落とす結果に陥りかねない。「デジタル・キオスクの未来」でなく「デジタル・イメージの未来」というテーマ設定の必要性が、第2章の事例のポイントであった。同様に、例えばワインを中心としたアルコール飲料で考えると、「ワインの未来」では狭すぎるのではないだろうか。「ワインに関わる家庭の食生活」について考察を深めたいのであれば、「食卓におけるアルコール飲料の未来」というテーマ設定かもしれないし、場合によっては「食卓における飲料の未来」というさらに広いテーマで考察をスタートするのがよいかもしれない。ここでのポイントは、事前にテーマをあまり狭く設定しすぎないようにするということだ。この段階での「情報のモレ」が後々大きな問題となるのは第2章で述べた通りである。

- **地理軸**：時間軸とテーマ設定で決められた未来の姿を、「地理的にどこまで広げて考察の対象にするのか」を決めておく必要がある。例えば、不動産についてのシナリオであれば、「東京」、「関東圏」、「日本」などの設定レベルがあるだろうし、エレクトロニクスの生産に関するシナリオであれば、「日本」、「アジア」、「グローバル」といった設定レベルがあるだろう。「未来のテーマ設定」と同様にあまり狭くとらえすぎると問題が起きるが、全て「グローバル・レベル」でとらえることにも問題がある。例えば、「社会の動向」についてグローバルに議論すると、日本・イタリアなどの

先進国における高齢化・少子化の問題と途上国における人口急増の問題を同列に議論することとなってしまう。

シナリオの活用目的はあくまでも意思決定の羅針盤としての役割を果たすことである。意思決定のスコープ（例えば、グローバル戦略または日本国内戦略など）に合わせて、地理軸を決定するのが現実的である。

● **シナリオのフレーム：住宅シナリオ事例**

Aさんは35歳の会社員で妻と小学生の子供二人からなる4人家族の世帯主である。現在は都心の賃貸マンションに住んでいるが、そろそろ一戸建を都心に購入したいと思っている。このようなAさんが、どのようにシナリオを検討し、どのように意思決定したかをシナリオ・シンキングのフレームに沿って見てみよう。

> Aさんの子供は上の子供が11歳、下の子供が9歳である。奥さんとは「二人の子供が独立する頃には購入した持ち家を売却して、二人だけで暮らせるように住み替えてもいいかな」と日頃から話をしている。
> 現在は都心のマンションに住んでいるのだが、住み慣れた地域であることと都心が便利であることを考えるとあまり遠くには行きたくないというのがAさんと奥さんの一致した意見である。今までマンションに住んでいたこともあり、都心に狭いながらでも一戸建を買いたいと考えている。しかし、これからの経済動向や高齢化・少子化の動向などのさまざまな要因を、一度包括的にとらえ、リスクを織り込んで意思決定をしたいと考えているのであった。つまり「持ち家を購入すべきかどうか」という戦略的意思決定に関して、10年先ぐらいまでを考慮した「シナリオ」を考えておきたいというのが二人の考えである。

この場合のシナリオ・テーマは、
- 10年後の都心の住宅事情シナリオ

図 4-3 ● シナリオ・テーマと戦略テーマ

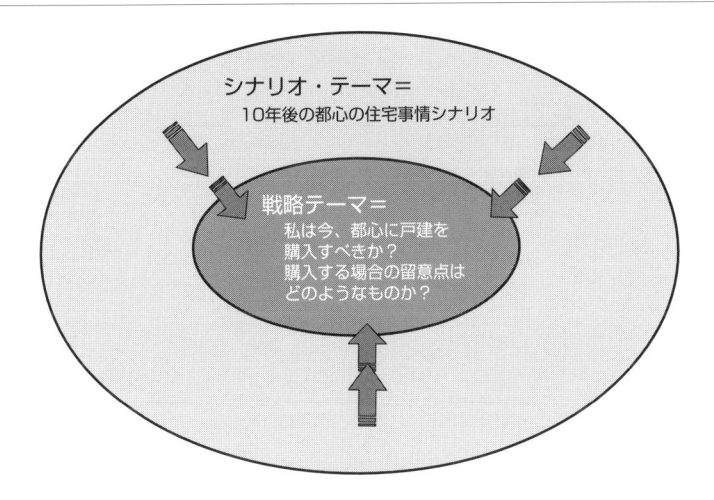

シナリオ・テーマ＝
10年後の都心の住宅事情シナリオ

戦略テーマ＝
私は今、都心に戸建を購入すべきか？
購入する場合の留意点はどのようなものか？

©Greenfield Consulting, Inc.

である。そのシナリオを使って意思決定するテーマ（戦略テーマ）は、
- 私（Aさん）は、今、都心に戸建を購入すべきか
- 購入する場合の留意点はどのようなものか

となる。

このように客観的テーマ（シナリオ）と主観的テーマ（戦略）を事前にきっちりと分けて考えておくことが必要である（図4-3）。

● **情報の「棚卸し」フレーム**

シナリオのテーマが決まったら「発散して」情報を収集するために、どのように情報を「棚卸し」するかということが次の課題となる。「棚卸し」という言葉は、製品や部材の在庫リストに基づいて、工場内や営業所内の倉庫で実際に在庫とリストとの照合をしていくことを指しているが、ここでは「世の中」に存在する情報のうち入手可能な情報を「洗いざらい包括的にチェックし理解

する」ことを意味している。この段階では、集めてくる情報に「モレ」がないような包括的なフレームワークを使う必要がある。

どのようなシナリオ構築においても包括的に使われるフレームワークでよく知られているのは「セプテンバー（SEPTEmber）」である。これは社会・価値観・文化などを意味するSociety、経済・税制のEconomy、政治・規制・政策のPolitics、科学・技術のTechnology、地球環境のEcologyの五つの頭文字をつなげたものである。新聞の記事の分類と思っていただければよいだろう。世の中の変化動向を「モレ」なく読み取る時のフレームワークである。

一方、業界ごとのシナリオや企業戦略策定時の環境分析の際によく使われるのが「ポーターの5フォース（推進要因）」である。ハーバード・ビジネス・スクールのマイケル・ポーター教授のいう「業界の構造を規定する五つの要因」について示したフレームワークで、既存の競合、顧客の交渉力、サプライヤーの交渉力、代替品の脅威、新規参入の脅威という五つの要因で「モレ」なく業界の変化動向を読み取ろうというものである。これはセプテンバーのうち、経

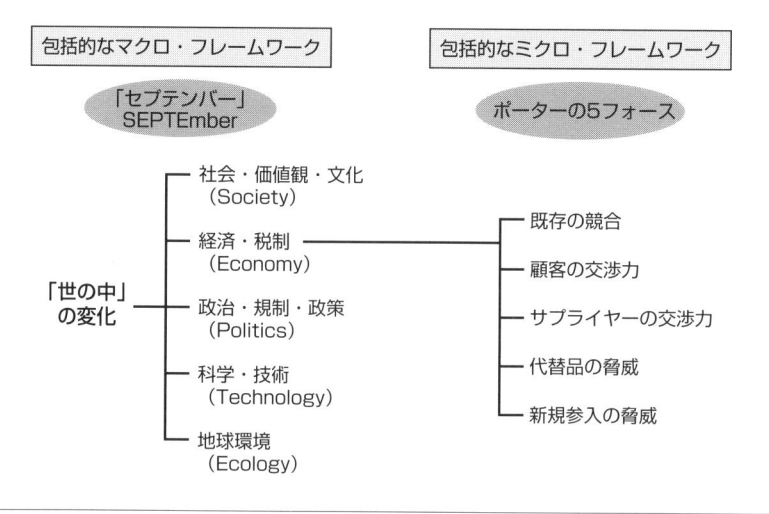

図 4-4 ● 「世の中」の変化をとらえる一般的なフレームワーク

包括的なマクロ・フレームワーク
「セプテンバー」
SEPTEmber

「世の中」の変化
- 社会・価値観・文化（Society）
- 経済・税制（Economy）
- 政治・規制・政策（Politics）
- 科学・技術（Technology）
- 地球環境（Ecology）

包括的なミクロ・フレームワーク
ポーターの5フォース

経済・税制（Economy）
- 既存の競合
- 顧客の交渉力
- サプライヤーの交渉力
- 代替品の脅威
- 新規参入の脅威

©Greenfield Consulting, Inc.

済についてよりミクロにとらえた見方ということも言えるだろう（図4-4）。

課題の「全体」を「モレ」なく「ダブリ」なく「部分」へと要素分解したツリーをMECE（Mutually Exclusive Collectively Exhaustive）ツリーと呼ぶが、情報の「棚卸し」フレームを決めるにあたっても、このMECEの発想でできるだけ「モレ」のないフレームを事前に考えておく必要がある。

● 情報の「棚卸し」フレーム：住宅シナリオ

Aさんは「10年後の都心の住宅シナリオ」を考えるにあたって、どのような情報「棚卸し」フレームを使おうかと考えてみた。

住宅事情とどこまで関連があるかわからないが「セプテンバー」のフレームを使って、まずは世の中の変化動向を広くとらえてみることにした。次に、シナリオのテーマ、すなわち「住宅」と関連の深そうな項目について、もう少し見ておきたいと思った。セプテンバーの要素をさらに分解して少し細かく見る必要がありそうなものとしては、まずは社会における「家族像」が重要であろ

図4-5 ● 住宅シナリオ検討のためのフレームワーク

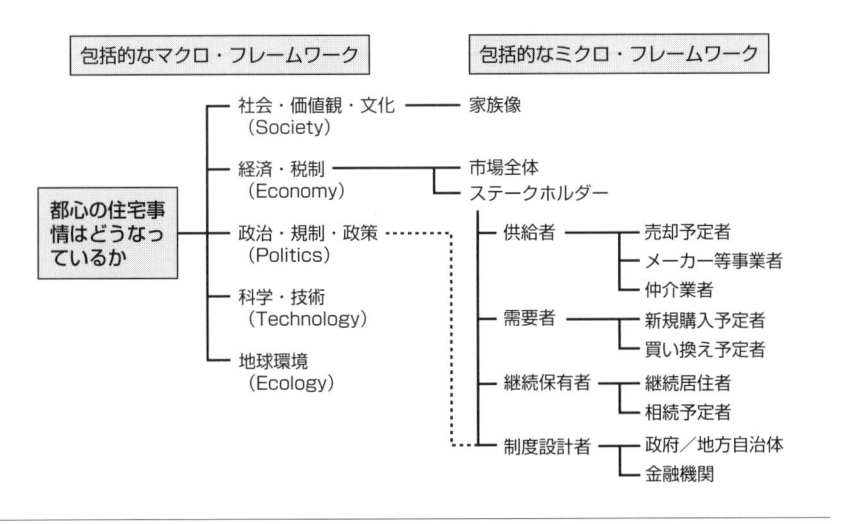

©Greenfield Consulting, Inc.

うと考えた。自分の二人の子供との関係も含めて、家族のあり方がどのように変わるのかは、住宅事情のシナリオを考えるうえで重要だと思う。自分の家族もさることながら、日本全体がどういう方向に動いているのか見ておきたいと思ったのである。

次に経済・税制などの面ではMECEという考えで分解すると市場の全体像（需要・供給の量）と各ステークホルダー（利害関係者）というふうに分けられるのではないか。ステークホルダーは、家を供給する人々（売却を予定している人達、メーカーなどの事業者、新築・中古などの仲介業者）、自分のように家を必要としている需要者（新規購入予定者、買い替え予定者）、家を継続的に保有する人々（継続居住者、相続予定者）がおり、さらには、市場の制度を設計する人々（政府や地方自治体、金融機関）がいる。市場の制度設計については、政策とも一部関連があるだろう。

その他、技術の面ではインターネットの果たす役割や、地球環境では循環型社会などが関連ありそうだが、これらについてはどのように細かく見たら包括的になるか自信がなかったので、それらは「セプテンバー」のフレームの中で見ていくこととした（図4-5）。

この住宅シナリオで示されるように、何をどこまでミクロ的な視点で見ておくかは、テーマごとに大きく異なる。しかし、次の二つの原則で棚卸しのカテゴリーを設定するように心掛けていれば大きな「モレ」はなくなる。

- 開発／生産／営業／チャネルなどの「機能連鎖」や需要者／供給者／制度設計者などの「ステークホルダー」といった「全体を包括的にとらえるフレームワーク」をテーマごとに見つけ、それを分解していく。
- 「セプテンバー」の各要素をさらに分解することで全体の包括性を維持する。

ステップ2：情報を「棚卸し」する

このステップでは、ステップ1で設定したフレームワークに沿って「世の中」

の変化動向を理解し、その中からシナリオを形づくる要素（キー・ドライビング・フォース）を抽出する。

● 「世の中」の変化動向

　ステップ1で決めたシナリオの「時間軸／未来のテーマ／地理軸」に沿って、広く情報を収集するのがこの段階で行うことである。ここでは、第3章で述べたブレーンストーミングと同様に、情報の収集に注力し重要性や関連性の評価は行わない。不連続な変化要因や未知の未来を知ろうとしているのに、最初に既知の情報に基づいて評価を下してしまったら予定調和型の未来しか残らないからである。それでは願望や過去に引きずられる危険性をはらんだ「予測」と同じになってしまう。

　「戦略とはやらないことを決めること」と言われるように、戦略的な意思決定とは、手掛ける領域とそれらの優先順位を明確に決めることである。すなわち、フォーカスとプライオリティがその中心だ。これは企業の手元にあるさまざまなオプション（選択肢）からさまざまな条件で「引き算」をして答えを見つけるというステップを踏む。

　これに対して、シナリオなどの環境認識は「足し算」である。ふだんは身の回りの情報しか見ていなかった視野を拡大し、できるだけ客観的に考える。未来がどこからやってくるのかを考えながら、「構え」を十分にしておく。そのため、包括的なフレームを使って「モレ」がないようにする。

　「足し算」で十分に拡大された環境認識に対して、「引き算」で決められた戦略でフォーカスした結果、競争上の戦略的ポジションや差別化戦略が明確になる。これが本来の戦略ではないだろうか。

　よく、日本企業の戦略は同質的だと言われるが、これは狭い視野でとらえられた環境認識に対して、広めの戦略（かつての総合型戦略）をとるからではないだろうか。結果、競争上の戦略的ポジションはほとんど似かよったものとなってしまう。そのような意味でも「広めの視野」で情報収集する必要がある。

　広い視野で考えるということは、業界の既存の枠組みを超えて考えたり、顧

客への提供価値について、より高い視野からとらえ直したりすることである。

例えば、「書籍は書店まで出向いて買うもの」という社会通念に新しい概念をもたらしたのは、アマゾン・ドット・コムであった。同社は、インターネットという手段を活用し、「普通の書店では揃えることのできないほどの在庫から、好きな時に本を検索し、自宅にいながらにして手に入れることができる」という全く新たな提供価値を創出したのだ。

それまでも、既存の枠組みの中での顧客価値創造の試み——例えば、本を買う前に店内で座って読めるスペースの確保など——は書店各社によって行われていたものの、アマゾンのとった「視野の広さ」と「ネットを中心にフォーカスした戦略」は同社の躍進の原動力となった。

このような事例は、スターバックス・コーヒーやデル・コンピュータなどの欧米の新規参入事業者によく見られるが、日本でも既存事業者により、このような「広い視野」と「戦略」がとられた事例がある。携帯電話の業界での事例がそれである。

携帯電話市場の拡大期であった1999年2月、NTTドコモは携帯電話事業＝通信といった既存の概念を拡大し、iモードサービスを開始した。ウェブサイトへの接続、メールサービスの提供といったサービスを通じて、顧客にとっての価値・利便性という視点で業界の枠組みを拡大したのだ。その後、iモード的サービス自身は競合各社間の同質化競争の色合いが多少濃くなったが、携帯電話にPHSを加えた、いわゆる「モバイル市場」でとらえると、コミュニケーション（通信、メール）、エンタテインメント（着メロ、カメラ付き）、データ通信（PHS）などの多様な選択肢が現れたことになる。

さらに今後、IDカード、クレジットカードなどの機能も付加されていくだろう。

こうした「拡大された概念」の中で携帯通信サービス各社は、「契約台数拡大のためのボリュームリベート提供」という同質的な当初の戦略から大きく変化し、「どういうサービスを提供するか」といった差別化戦略をとるようになった。即ち、「広く定義された業界の中で、どこにフォーカスするか」という視点を持つようになったのだ。

一方、こうした成功事例ばかりではない。90年代の後半に至るまで、日本の企業は狭くとらえた業界の中でフルラインの製品・サービスを提供し、同質化競争をする傾向があった。

　例えば、金融業界、特に都市銀行について言えば、法人・個人をターゲット顧客とし、個人については「普通預金、給与振込口座、各種サービス用の口座振替、住宅ローンといった『商品』をできるだけ多く顧客に買ってもらう」という戦略が一般的であった。この戦略を他行に比べてより優位に進めるために、店舗やATMの敷きつめが行われた。結果、似たような戦略の都市銀行が十数行も存在することとなった。こうした「狭い範囲での総合化戦略」は右肩上がりの需要拡大期には何とか機能したが、今や機能しなくなってきたことは周知の通りである。

　「足し算」した結果、広い視野で外部環境をとらえ、業界を定義し直す。そして、自社のコンピタンスや差別性、顧客への提供価値といったフィルターで「引き算」をして、競争上のポジショニングが明確な戦略を導き出すことが必要なのだ。戦略という競争上の「陣取りゲーム」でより良い陣をとるには、「戦いの場」を広くとらえ、その中で「どの陣をとるか」の意図を明確に持たなければならないということである。

　話を元に戻すと、情報の収集については多様な情報源から入手することが重要である。「セプテンバー」上のマクロ的な変化要因であれば、新聞記事のクリッピングからでも傾向をつかむことは十分可能である。また、各種のシンクタンクが出している未来予測レポートなども「少なくともそういった予測がなされている」という点で役に立つ。大事なことはそのような要素を知ることであって、そこに記された内容をそのまま信じることではない。集めた情報をどのように使ってシナリオを組み立てるのか、シナリオは予測レポートとはどう異なるのか、については後に述べる。

　ミクロ的な視点に関しても同様で、業界の専門誌などの情報が役に立つ。また、既存事業の長期的戦略を構築するためにシナリオをつくろうという時、役立つ情報は多くの場合、社内に存在している。バラバラにファイルされていて

包括的にまとめられていなかったり、各個々人の机のひき出しに眠っていたりすることが、経験則上非常に多い。

　新規事業への参入などの場合はどうか。この場合も今では、インターネットの検索エンジンを使って多くの情報が包括的に入手できるようになった。全く新しい市場を創造する場合については、よりマクロ的な視点（SEPTEmber）の要素についての深い洞察力が要求される。文化や価値観など、一見すると変化が見えにくい要因を的確に「読める」かどうかで、そのような新市場が成功するかどうかが決まるケースが多いからである。

　このようにして集められた情報（新聞記事や調査レポート）を一読し、「未来について触れられたもの」「過去からのトレンドを示すもの」「いくつかの情報ソースで繰り返し触れられているもの」などの視点でキーワードを付箋に記入しておく。おそらく20〜50程度のキーワードが比較的容易に見えてくるはずである。これらの要素を机上でまたはホワイトボード上に、あらかじめ決められたフレームワークのカテゴリーごとに分類していく。キーワードが全ていずれかのカテゴリーに収まるまでこの作業を続ける。キーワードを書く場合、変化の方向が明らかなものについては、「進展」「浸透」「継続」など方向感を示す言葉で記入しておくと、後の作業時に役立つ。方向感が不明だったり、正反対の方向が考えられるものについては、「動向」「行方」としておく（図4-6）。

　人間は「時間・空間的に隔たりがある要素間の因果関係をとらえるのが上手ではない」ことは前に述べたが、あるシナリオのテーマに関わる要素を、机上であれホワイトボード上であれ、「一覧」することが重要である。さまざまなカテゴリーに関わる要素を一覧することで、全体に関わる共通のパターンが見えてきたり、因果関係が見えてきたりするようになる。

　マクロとミクロのフレームワークで示されたキーワードを一覧するということは、そのテーマに関わる「未来新聞」記事を読んでいると言ってもよいだろう。そこに記された要素を使ってシナリオを組み立てていく。

　カテゴリーに分類していく際の注意点としては、「ダブリ」にこだわらないということだ。MECEできれいにツリー上に分けられたカテゴリーであって

図 4-6 ● 「世の中」の変化動向の書き方

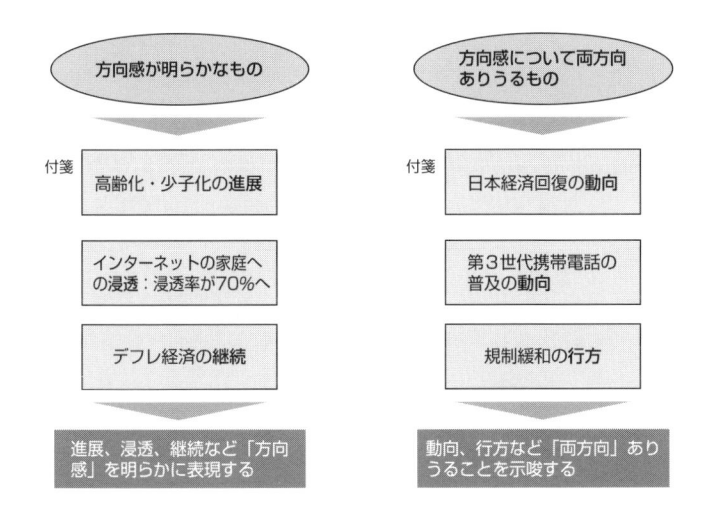

方向感が明らかなもの
- 付箋：高齢化・少子化の進展
- 付箋：インターネットの家庭への浸透：浸透率が70％へ
- 付箋：デフレ経済の継続

→ 進展、浸透、継続など「方向感」を明らかに表現する

方向感について両方向ありうるもの
- 付箋：日本経済回復の動向
- 付箋：第3世代携帯電話の普及の動向
- 付箋：規制緩和の行方

→ 動向、行方など「両方向」ありうることを示唆する

©Greenfield Consulting, Inc.

も、記事やそのキーワードなどは複数のカテゴリーにまたがっていることが多い。例えば、住宅における制度設計者の動き（相続税の軽減や生前贈与の非課税枠の拡大）は「政治・政策」の要素とも言えるし、「経済・税制」の要素とも言える。社会現象を全てダブリなく分類すること自体、新しいパターンを見つけるという点で矛盾をはらんでいる。MECEからスタートしたが、ここでは「モレ」がなければ十分なので、いずれかのカテゴリーに分類しておくことで次のステップへと進む。

● 「世の中」の変化動向：住宅シナリオ

　Aさんはステップ1で設定したフレームワークに沿って、世の中の変化動向を収集してみた。「セプテンバー」要素については、図書館にある新聞の縮小版にざっと眼を通すことから始めた。また、年末年始の新聞の特集記事にも「今後10年の日本」について触れたものがあり、それも参考になった。

次に住宅市場の動向について調べてみた。市場予測や動向調査などは民間のシンクタンクでも行っているようであるが、手軽に入手できたのは、担当省庁から出されている報告書や統計データなどであった。国土交通省のホームページから「住宅事情の現状」「住宅市場整備行動計画」「民間住宅建設資金実態調査結果」「住宅需要実態調査」などの調査結果をダウンロードした。また、図書館で民間が出した「中・長期の住宅需要予測」資料も見つけることができ、これらにざっと眼を通せば、フレームワークに沿ったひと通りの変化動向が把握できそうだ。

集めた資料をひと通り読んでみると、「社会・価値観・文化」のカテゴリーではどのような資料からも、高齢化・少子化社会の到来とそのインパクトの大きさが読みとれる。少子化の影響で、2007年頃から日本の人口が減り始めることもほぼ確実なようだ。

また、居住スタイルに関わるものとしては、「全国的な治安の悪化」や、夜間ビジネスの拡大などの「社会の24時間化」といったキーワードも見えてきた。

一方、方向の異なる変化が同時に起きている動きも見られる。例えば「保有から利用へ」といった利用した分だけに価値が認められる商品・サービス(レンタル、リースなど)が台頭している一方で、「高くて品質の良いものを購入して長く使う」という動きも見られるようだ。このように何かしら関連がありそうだが、両方向の動きを示すものについては併記しておくこととした。また、「経済・税制」での金利の動向などはインパクトが大きそうであるが、こちらも明確なトレンドを示している記事が見つからなかったので「金利の動向」として書き記した。

Aさんは、シナリオのテーマである「都心の住宅事情シナリオ」を頭の片隅に置きながら、シナリオと関連ありそうなキーワードを一覧表にしてみた。その結果は図4-7のようになった。キーワードは全部で48個となった。

Aさんは全体を一覧し、もう一度大きなモレはないか考えてみたが、この時点で追記しておくべき情報は思いつかなかった。後でまた書き加えることも

図 4-7 ● 「住宅事情シナリオ」を考えるうえでの「変化動向」

マクロ的フレームワーク

社会・価値観・文化

- 高齢化社会の到来
  - 人口の25％が65歳以上に
- 少子化／人口減
  - 2007年より人口減少
- 女性の社会進出の進展
- 外国人労働力の増加
- 社会の24時間化進展
  - 時間消費拡大
- 治安の悪化
- 保有／所有から利用への価値観変化
- 継続利用志向への価値観変化
  - 良いものを長く使う
- フリーターの増加
- 実力主義の浸透
  - 転職の抵抗がなくなる
  - 年功序列制度の崩壊
- Uターン／Iターンの動向

経済・税制

- デフレ経済の動向
- 企業リストラの動向
  - 実力主義・資本主義経済の進展
- 外資の参入の加速
- 金利の動向
- 為替の動向

政治・規制・政策

- 日本の構造改革の行方
- 年金制度・健康保険制度など人口増加を前提としたこれまでの制度の改革の行方
- 地方分権の動向

科学・技術

- 新エネルギーの住宅での採用
  - ソーラー住宅
  - マイクロガスタービン
- 家庭のIT化
- 社会のIT化

地球環境

- 循環型社会
  - リユース／リデュース／リサイクル

ミクロ的フレームワーク

家族像

- 単身世帯の増加
- 高齢者世帯の増加
- 第2次ベビーブーマーのファミリー形成期
  - 住宅取得ニーズ増加

市場全体

- 4588万戸（平成5年時点）
  - 世帯当たり1.22戸
  - 空家448万戸（セカンドハウス含む）
- 世帯数増加幅は減少
- 土地価格のまだら模様化／立地による二極化
- 2010年までに宅地需要は3分の2に縮小

供給者

売却予定者

- 団塊世代のリタイアとマンションへの住み替え

メーカー

- 高質住宅の提供
- 競争激化と業界内の淘汰
- リフォーム市場の育成

需要者

- 持ち家志向／新築志向の動向
- 超高層マンションブーム
- 都心回帰
- 高齢者の都心志向

継続保有者

- 1970年代の持家の建替え需要の顕在化
- リフォーム需要の増加
- 住宅のバリアフリーニーズ増加

制度設計

- 民間競争原理（公庫の廃止）
- ローンの多様化
- 不動産の証券化
- 住宅ローン減税
- 中古住宅流通市場の整備
- 生前贈与／相続税改革
- ファミリー向け賃貸住宅

©Greenfield Consulting, Inc.

できるので、まずはこれらのキーワードを使ってシナリオをつくってみることとして次のステップに進んだ。

◉ ドライビング・フォース

　この段階では事前に用意したカテゴリー（「セプテンバー」や5フォース）に分類されたキーワードをこれまでのカテゴリー分類にこだわらずに、いくつかの新しいカテゴリーにくくり直す。そして新しいカテゴリーに名前をつける。この新しいカテゴリー名は、複数のカテゴリーを横断的に眺めた結果見えてきた変化動向であり、「セプテンバー」などの既存のカテゴリーだけからでは見えなかった動向である。それらの要素を「未来を形づくる要素」、すなわち、ドライビング・フォースと呼ぶ。

　既存のカテゴリーに分類されたキーワードを横断的に眺めて新しいカテゴリーにくくり直すということは、「既知のフレームワークからスタートし、それを崩し新しいフレームワークをつくり直す」という作業である。この横断的視野に立った「変化動向の読み取り」に今まで見つけられなかった新しいパターンを見出せるようになれば、より創造的に「世の中」の変化動向がとらえられたということになる。

　「世の中」の変化や現象は、一つのカテゴリーの中だけで起こるのではない。例えば、高齢化社会の進展による影響は「社会・価値観・文化」だけではなく「経済・税制」や「政治・規制・政策」にまで及ぶ。従って、情報の「棚卸し」の便宜上（「モレ」を防ぐために）設けられたカテゴリーを横断的に眺めて、新しい変化のパターンをキーワードとして記述することが重要なのだ。「『ダブリ』を気にせずキーワードを抽出すればよい」と述べたのはまさしくこの理由からである。

　共通点がなさそうに見える複数の分野から類似したパターンを見出す能力を向上させるためには、二つの条件が必要だと言われている。
　一つは「クロス・インデックス（相互参照）する」能力である。ある分野で起きている一つの現象やパターンを見て、他の分野で起きてきている現象の背

後にひそむパターンを見つけ出す能力だ。第２章で述べたように病気感染モデルをパターンとして認知し、製品の市場浸透の過程を推論する能力が一つの例であろう。要するに「これってどこかで見たあの現象に似ているな」と気づく能力のことである。もう一つの条件としては、そのようなクロス・インデックスを実現するためにはある程度の絶対的な情報量が必要だということだ。

> どうやら、クロス・インデックスのパワーは情報量に比例して高まるようだ。(中略)「経営能力全般も他の能力と同じようなものだとすれば、多種多様なバックグラウンドを持った人のほうがより優れていると言えるでしょうし、より多くのパターンに気づくでしょうから、当然その学習能力もより高いだろうと考えます」[*1]

日頃から多様な分野での変化動向を見ておくことによって、新しい変化のパターンに気づく能力を身につけることができるということである。

● ドライビング・フォース：住宅シナリオ

Ａさんは図4-7で整理したキーワードを机の上に並べながら、類似したキーワードのグループにまとまらないか沈思黙考していた。

まず、「社会・価値観・文化」の項目からスタートし、他のカテゴリーを横に並べて関連がありそうな項目を見つけ出すことから始めた。
「保有／所有から利用への価値観変化」というキーワードと「制度設計」の「中古住宅流通市場の整備」「ファミリー向け賃貸住宅」というのは関連がありそうだ。もし、そのような市場が整備され、高質のファミリー向け住宅が賃貸できるとしたら、市場全体の持ち家購入意欲にも変化が起きるかもしれないと思ったからである。ライフステージごとに簡単に住み替えができるのであれば、無理して買うこともないかもしれない。そうなれば、持ち家市場全体も影響を受けることになるかもしれないなぁと考えたが、しかし、一方で若いうちに資

[*1] 「『直感』の意思決定モデル」オールデン・M・ハヤシ著、森尚子訳、『DIAMONDハーバード・ビジネス・レビュー』2001年6月号

図 4-8 ● 事前に準備したキーワードからカテゴリー横断的にドライビング・フォース

ドライビング・フォース	社会・価値観・文化	家族像	経済・税制	市場全体	継続保有者
住宅の資産としての見方（フローvsストック）	保有／所有から利用への価値観変化				
「住」に関わるライフスタイルの多様化	女性の社会進出の進展 外国人労働力の増加 社会の24時間化進展 Uターン／Iターンの動向	単身世帯の増加 高齢者世帯の増加			
都心への回帰	（治安悪化）			土地価格のまだら模様化／立地による二極化	
世代間資産移転を促進する制度	継続利用志向への価値観変化	第2次ベビーブーマーのファミリー形成期			1970年代の持家の建替え需要の顕在化
個人の所得の先行き不透明感	実力主義の浸透		企業リストラの動向 デフレ経済の動向 金利の動向 外資参入の加速 （為替の動向）		
住宅の需給のミスマッチ	少子化／人口減			土地価格のまだら模様化／立地による二極化 2010年までに宅地需要は3分の2に縮小 4588万戸（空家が448万戸）	
住宅の長寿命化	高齢化社会の到来			世帯数増加幅は減少	住宅のバリアフリーニーズ増加 リフォーム需要の増加
エコロジー志向住宅					

(変化動向のキーワード)を抽出

供給者 (メーカー)	需要者 (新規購入者)	制度設計	政治・規制・政策	科学・技術	地球環境
	持ち家志向／新築志向の動向	中古住宅流通市場の整備 ファミリー向け賃貸住宅			
競争激化と業界内の淘汰			地方分権の動向		
	都心回帰 超高層マンションブーム 高齢者の都心志向				
	持ち家志向／新築志向の動向	不動産の証券化 住宅ローン減税 民間競争原理(公庫の廃止) 生前贈与／相続税改革 ローンの多様化	日本の構造改革の行方 年金制度・健康保険制度など人口増加を前提としたこれまでの制度の改革の行方		
		住宅ローン減税	日本の構造改革の行方		
		中古住宅流通市場の整備		社会のIT化	
高質住宅の提供 リフォーム市場の育成					
				新エネルギーの住宅での採用 家庭のIT化	循環型社会

©Greenfield Consulting, Inc.

図 4-9 ● 8つのドライビング・フォース

住宅の資産としての見方（フロー vs.ストック）
- 保有／所有から利用への価値観変化
- 持ち家志向／新築志向の動向
- 中古住宅流通市場の整備
- ファミリー向け賃貸住宅

「住」に関わるライフスタイルの多様化
- 女性の社会進出の進展
- 外国人労働者の増加
- 社会の24時間化進展
- Uターン／Iターンの動向
- 単身世帯の増加
- 高齢者世帯の増加
- 競争激化と業界内の淘汰
- 地方分権の動向

都心への回帰
- （治安の悪化）
- 土地価格のまだら模様化／立地による二極化
- 都心回帰
- 超高層マンションブーム
- 高齢者の都心志向

世代間資産移転を促進する制度
- 継続利用志向への価値観変化
- 第2次ベビーブーマーのファミリー形成期
- 1970年代の持ち家の建替え需要の顕在化
- 持ち家志向／新築志向の動向
- 不動産の証券化
- 住宅ローン減税
- 民間競争原理（公庫の廃止）
- 生前贈与／相続税改革
- ローンの多様化
- 日本の構造改革の行方
- 年金制度・健康保険制度など人口増加を前提としたこれまでの制度の改革の行方

個人の所得の先行き不透明感
- 実力主義の浸透
- 企業リストラの動向
- デフレ経済の動向
- 金利の動向
- 外資参入の加速
- （為替の動向）
- 住宅ローン減税
- 日本の構造改革の行方

住宅の需給のミスマッチ
- 少子化／人口減
- 土地価格のまだら模様／立地による二極化
- 2010年までに宅地需要は3分の2に縮小
- 4588万戸（空家が448万戸）
- 中古住宅流通市場の整備
- 社会のIT化

住宅の長寿命化
- 高齢社会の到来
- 世帯数増加幅は減少
- 住宅のバリアフリーニーズ増加
- リフォーム需要の増加
- 高質住宅の提供
- リフォーム市場の育成

エコロジー志向住宅
- 新エネルギーの住宅での採用
- 家庭のIT化
- 循環型社会

©Greenfield Consulting, Inc.

産形成しておきたいというこれまでの「常識」がそんなに簡単に変わるのだろうかという疑問もあった。これには「住宅の資産としての見方（フロー vs. ストック）」というキーワードをつけることにした。変化の方向性が一方向でないだろうと思ったからである。

同様に、社会におけるさまざまな変化や世帯構造の変化及び地方分権、Uターン／Iターンなどの動向を眺めているうちに「住まい方」が今よりもいっそう多様化する傾向が見てとれた。

また、地価の下落で割安になった都心へと人口が流入し、「都心回帰」現象が起きていることも理解できた。「超高層マンションブーム」も起こっており、新聞記事によれば今後10年間に全国で10万戸以上の超高層マンションの建設が予定されているようである。これは、マンション供給全体の約1割ぐらいに相当するようだ。一方では、それにブレーキをかけかねない要素として都市の「治安の悪化」があげられるだろう。しかし、今のところ都心回帰というのは一つのトレンドとなっているようだ。

同様に他の要素も共通点を中心にまとめていき、次のような八つのドラビング・フォースを抽出した（図4-8）。

- 住宅の資産としての見方（フロー vs. ストック）
- 「住」に関わるライフスタイルの多様化
- 都心への回帰
- 世代間資産移転を促進する制度
- 個人の所得の先行き不透明感
- 住宅の需給のミスマッチ
- 住宅の長寿命化
- エコロジー志向住宅

図4-9は図4-8をKJ法（親和図法）的に表現し直したものである。

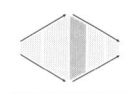

ステップ３：キー・ドライビング・フォースを見つける

ドライビング・フォースの抽出を終えたら、それらの要素を使ってシナリオの骨格となる要素を見つけ出す。それがこのステップで行う「キー・ドライビング・フォースを見つける」ことである。

Ａさんの「住宅シナリオ」の例で言えば、世の中を広く見渡して抽出した八つのドライビング・フォースを用いてシナリオを形づくる要素を見つけ出すのである（図4-10）。

◉ 不確実性とトレンド

ここにあげた八つの要素が全て同等に重要で、かつ全ての方向性が一方向であれば、それらをまとめあげて予測をつくることは可能だろう。しかし、「複数のシナリオがありうる」という考え方は、それらの要素の中に、方向性の明

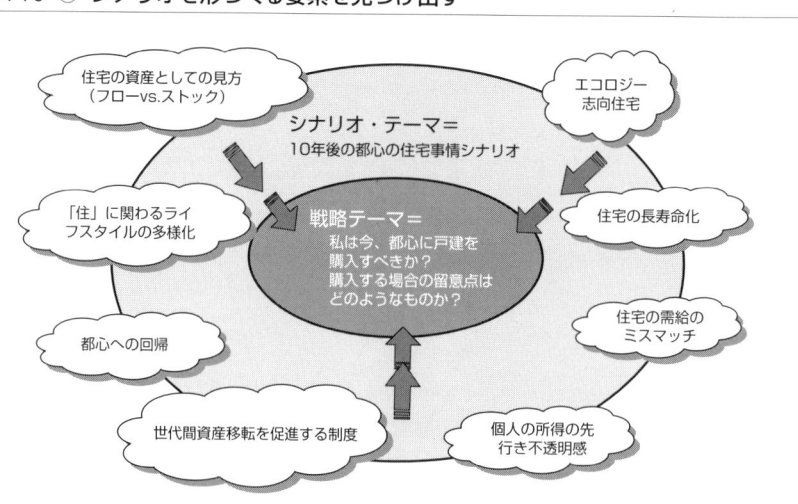

図 4-10 ● シナリオを形づくる要素を見つけ出す

- 住宅の資産としての見方（フロー vs. ストック）
- エコロジー志向住宅
- 「住」に関わるライフスタイルの多様化
- 住宅の長寿命化
- 都心への回帰
- 住宅の需給のミスマッチ
- 世代間資産移転を促進する制度
- 個人の所得の先行き不透明感

シナリオ・テーマ＝
10年後の都心の住宅事情シナリオ

戦略テーマ＝
私は今、都心に戸建を購入すべきか？
購入する場合の留意点はどのようなものか？

©Greenfield Consulting, Inc.

図 4-11 ● 確定的要素：「既に起こった未来」

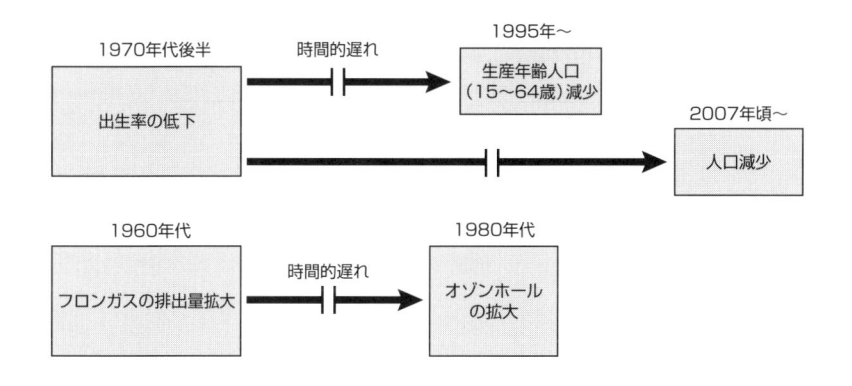

```
1970年代後半      時間的遅れ      1995年〜
[出生率の低下] ──────────────→ [生産年齢人口
      │                         (15〜64歳)減少]
      │                                      2007年頃〜
      └──────────────────────────────────→ [人口減少]

1960年代         時間的遅れ      1980年代
[フロンガスの排出量拡大] ──────────→ [オゾンホールの拡大]
```

©Greenfield Consulting, Inc.

確な「確定的要素（トレンド）」と方向性の不確実な「不確実性」が混在していること、また、それらの要素の変化スピードが異なることを示唆している。不確実性の現れ方で複数のシナリオが考えられるし、同じ方向を向いている要素だけであっても、その変化スピードにズレが生じれば、いくつかのシナリオがありうるのだ。

例えば、ハードディスク・ドライブ業界では、過去、ディスク・ドライブの技術革新スピードが市場の需要の進化のペースを上回る歴史が繰り返されてきた。ハードディスク・ドライブ市場のトップ企業は、その競争優位を保つため技術革新のスピードを速め、結果的に市場を「追い抜いて」しまい、顧客の要求する価値以上の製品を提供してしまった。そして、顧客ニーズに合致した製品を提供できた別の企業が次世代でのトップ企業となった。結果、同業界ではハードディスク・ドライブの世代が変わるごとにトップ企業が入れ替わることとなった。[2] これは、ハードディスクの技術進化スピードを重視したトップ企業の未来予測が、顧客ニーズの進化スピードを無視した結果、予測通りの未来

---

[2] 『イノベーションのジレンマ』クレイトン・クリステンセン著、伊豆原弓訳、翔泳社、2000年

図 4-12 ● 確定的要素の一つ:「限界」

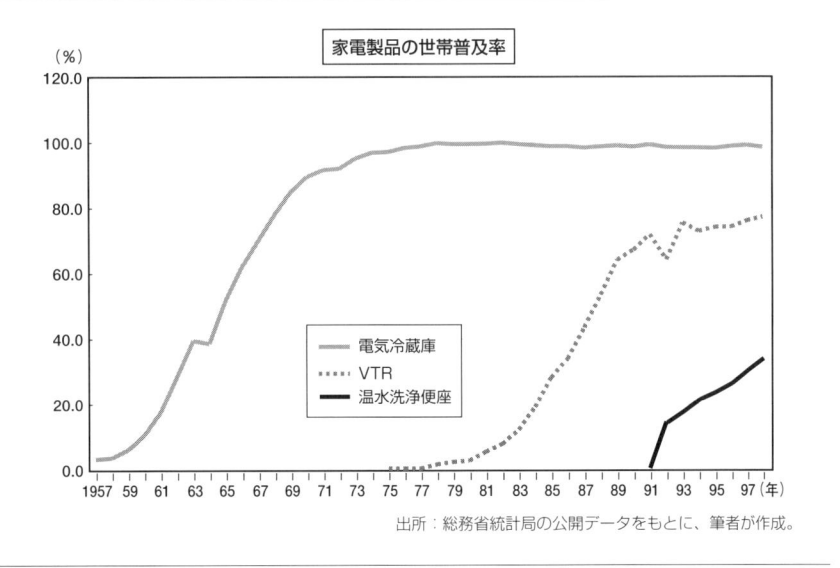

家電製品の世帯普及率

凡例：電気冷蔵庫、VTR、温水洗浄便座

出所:総務省統計局の公開データをもとに、筆者が作成。

©Greenfield Consulting, Inc.

が訪れなかった典型的なケースであろう。

「世の中」の変化は全て不確実なもので、「確定的」な要素などありえないと思われる読者もいるだろう。しかし、「既に起こった未来」という言葉があるように「過去や現在に起きていることが数年後に顕在化する」というような事象を考えると、ある程度確定的だと言える要素があることがわかる。例えば、日本では2007年から人口が減り始めるという予測があるが、これは出生率の低下という過去の現象においてほぼ確定されたことであり、実際に人口に先がけて日本の生産年齢人口（15〜64歳）は1995年から減少している。

また、第1章で見たフロンガスとオゾンホールについても、過去に起きた「原因」が時間の遅れを伴って「結果」として顕在化しているだけであり、「正確なタイミングがいつか」という点を除けば、確定的な要素であると言うことができる（図4-11）。

図 4-13 ● 確定的要素と不確実性の考え方

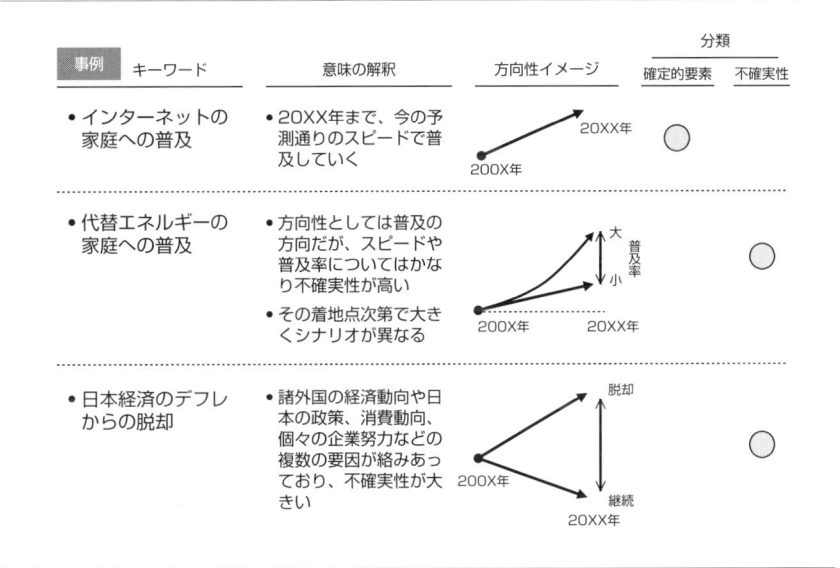

事例	キーワード	意味の解釈	方向性イメージ	分類 確定的要素	不確実性
● インターネットの家庭への普及		20XX年まで、今の予測通りのスピードで普及していく	200X年 → 20XX年	○	
● 代替エネルギーの家庭への普及		方向性としては普及の方向だが、スピードや普及率についてはかなり不確実性が高い	200X年 → 20XX年（大/小 普及率）		○
		その着地点次第で大きくシナリオが異なる			
● 日本経済のデフレからの脱却		諸外国の経済動向や日本の政策、消費動向、個々の企業努力などの複数の要因が絡みあっており、不確実性が大きい	200X年 → 20XX年（脱却/継続）		○

©Greenfield Consulting, Inc.

次に、構造的に見て、ある程度確定的であると言える要素もある。

例えば、家電製品の普及など世帯普及率が100%に近くなれば、市場の成長が鈍化することはある程度想定される（図4-12）。

もちろんそのような環境下でも、ヒット商品を出していくことは可能であるし、また、世帯数を天井としなければ、さらに普及を加速させることは可能であろう（個人用の家電製品など）。

その他、「遅れ」とは少し意味あいが異なるが、「順番」という要素もある。

青色LEDが発明されたことで、街中の信号機が従来のランプから省電力型のLEDに変わるだろうということは、発明がなされた時点である程度想定されていた。

このように事象間の「遅れ」、「限界」、「順番」などに着目することで、ある程度確定的に位置づけられる要素もある。

重要なことは「何にとって」、また「いつ頃」のことが確定的か不確実かと

いう点である。

　例えば、VTRの例で言うと、「家庭用のVTR市場全体」というテーマで未来を考えるのであれば、「需要のほとんどは買い替え需要である」という点は確定的要素であろう。しかし、「パソコンと連動した個人用のDVD／VTR」というテーマであれば、世帯をベースとして考えるのではないから、「需要が買い替えか新規か」という点は不確実な要素となる。また、要素によっては5年先ぐらいであれば、ある程度確定的と見ることができるが、10年先になると不確実であると位置づけられるものもあるだろう。

　このような視点で、前のステップであげた「シナリオのテーマ」や「時間軸」を念頭に置きながら、ドライビング・フォースを確定的要素と不確実性の二つのカテゴリーに分けていく。その際、変化スピードの高低で大きく着地点が異なるような要素であれば「不確実性」と位置づけておくことが重要である（図4-13）。

● 不確実性とトレンド：住宅シナリオ

　Aさんは、自分のシナリオのテーマ「10年後の都心の住宅事情はどうなっているか」を念頭に置きながら、前ステップでまとめた八つのドライビング・フォースの分類を始めた。

　まず1番目の「住宅の資産としての見方（フローvs.ストック）」については、フローとストックのどちら側に人々の嗜好が変化し、結果、市場の大勢がどう決まるかは、かなり不確実であろうと考えた。「所有から利用へ」という一般的なトレンドはあるものの、それが顕在化しているのは一部の商品の話であるし、それが住宅にまで及ぶのかどうか。また、制度設計者が目指している「中古住宅市場の整備」や「ファミリー向け賃貸住宅」も、これまで言われてきていてそれほど実現していないと判断したからである。

　2番目の「『住』に関わるライフスタイルの多様化」については、「多様化」という方向は、過去から現在までの流れを見ても大きなトレンドとなっており、確定的要素と位置づけられるのではないかと考えた。どういう多様化かという内容については不確実な側面があるが、ここでは「多様化」そのものは確定的

図 4-14 ● 「都心への回帰」を巡るフィードバック・ループ

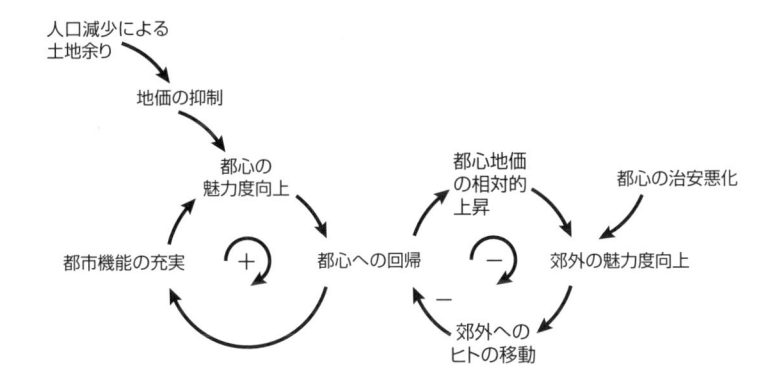

©Greenfield Consulting, Inc.

なものと判断した。

3番目の「都心への回帰」であるが、これも過去数年間に起きていることである。しかし、10年という時間軸で考えた時、これは一方向で起こる確定的要素と言えるのだろうか。第2章で出てきたフィードバック・ループを用いて因果関係で考えてみることとした。

これまで出てきたいくつかのキーワードをもとにバブルの頃の地価上昇などを思い出しつつ、Aさんが描いたのが図4-14である。

左側にあるのが「都心への回帰」が継続されるループである。「都心への回帰が続くことで都市機能が充実し、都心の魅力度が向上する。その結果、さらに都心への回帰が続く」という流れである。人口減少による土地需要の減少で地価が抑制されれば、このループはさらに加速される。一方、右側のループは「都心への回帰に歯止めがかかり、郊外へ再びヒトが移動する」という流れである。「都心への回帰が続くことで、都心の地価が相対的に高くなり、郊外の魅力が相対的に向上する。結果、都心への回帰は終息する」というループだ。「都心の治安悪化」がさらに進めば、このループは加速されるだろう。結局、これらの複数の要因の絡みあい方で、「都心への回帰」の着地点はいくつか考

図4-15 ● 住宅シナリオのドライビング・フォース

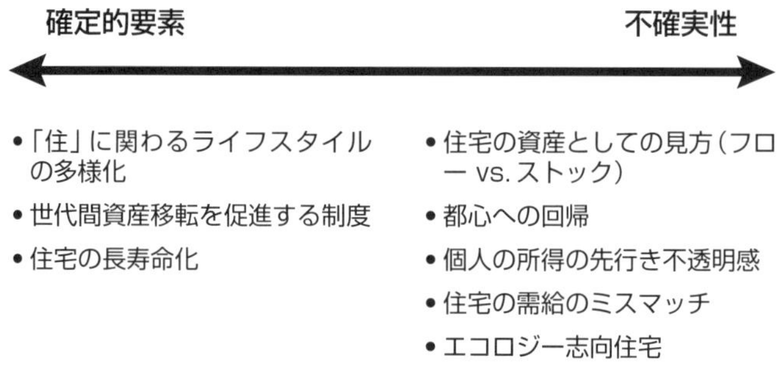

確定的要素 ←――――――――――→ 不確実性

- 「住」に関わるライフスタイルの多様化
- 世代間資産移転を促進する制度
- 住宅の長寿命化

- 住宅の資産としての見方（フロー vs. ストック）
- 都心への回帰
- 個人の所得の先行き不透明感
- 住宅の需給のミスマッチ
- エコロジー志向住宅

©Greenfield Consulting, Inc.

えられ、大きな不確実性ではないかという判断をした。

4番目の「世代間資産移転の促進を進める制度」については、相続税の改革や生前贈与の非課税枠の大幅拡大は、2002年末に政府税調の答申が出たところである。この後、それが実行されるのはほぼ確実であること、その他の「第2次ベビーブーマーのファミリー形成期」も確実に訪れることなどを考慮し、「制度」そのものについては確定的要素と位置づけた。

5番目以降も、同様に個々のキーワードなどを考慮しつつ、「個人の所得の先行き不透明感」、「住宅の需給のミスマッチ」については不確実性が高いと判断した。「住宅の長寿命化」については、メーカー側の取り組みが中心で、既に起こっていることであり、確定的要素とした。「エコロジー志向住宅」については、志向としては存在しているものの、市場の大勢となるかどうかは不確実であると判断した。

Aさんの判断は結果的に図4-15のようになった。

● インパクト

前のステップで分類した確定的要素と不確実性を用いて、シナリオの骨格を決めるのであるが、その前にもう一つ考えるべきことがある。それが要素のイ

図 4-16 ● ドライビング・フォースとインパクト

	小（確定的要素）	大（不確実性）
インパクト 大（シナリオに与える影響度）	各シナリオに共通に現れるトレンド	シナリオの分岐点となる要素
インパクト 小	重要性の低い要素	

不確実性

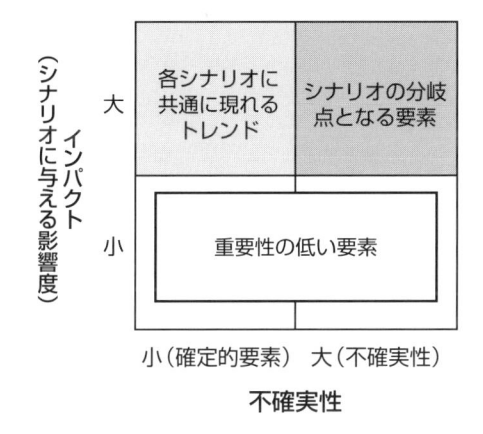

©Greenfield Consulting, Inc.

ンパクト（影響度）である。ここまでは、「世の中」の変化動向を「棚卸し」し、いくつかの共通点を見つけてきたが、そこではそれらの要素の「関連性」（シナリオのテーマと関連があるかどうか）は考慮したものの、その「重要性」（それらがどのくらいシナリオのテーマにインパクトを与えるか）については考えなかった。

シナリオの骨格を決める前に、これまであげたドライビング・フォースのインパクトを判断し、よりインパクトの高いものを抽出する作業を行う。「インパクト」とは、その要素がシナリオに与える影響度のことである。すなわち、確定的要素のうち、インパクトが大きい要素は、どのような未来が来ようとも（つまり、どのシナリオでも）大きな影響力を持つトレンドとして扱われる一方、不確実性のうち、インパクトが大きい要素は、シナリオを分ける「分岐点」となる。この不確実性が右に転ぶか、左に転ぶかによってシナリオが大きく異なる（図4-16）。

もし不確実性が二つあって、それらが互いに独立しているような場合であれ

図 4-17 ● 不確実性が二つあるときの四つのシナリオ

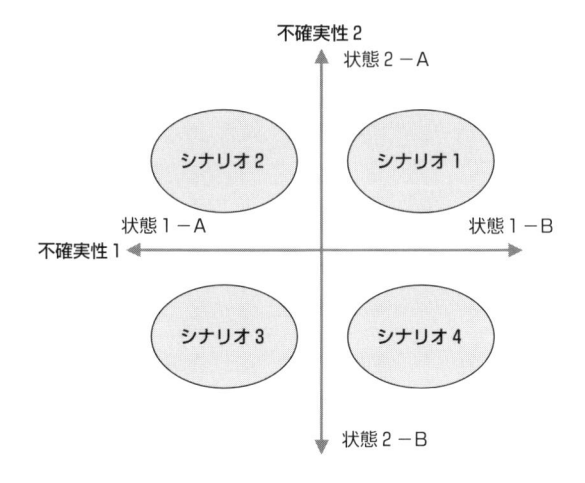

```
              不確実性2
                ↑
              状態2−A

        シナリオ2      シナリオ1

      状態1−A              状態1−B
不確実性1 ←――――――――――→

        シナリオ3      シナリオ4

              状態2−B
                ↓
```

©Greenfield Consulting, Inc.

ば、不確実性の現れ方によって2×2で四つの着地点（シナリオ）がありうることとなる（図4-17）。

　このように複数のドライビング・フォースから、シナリオのテーマに与えるインパクトを考慮し、「鍵」となる不確実性及び確定的要素を抽出すればシナリオの骨格はできるのだが、その場合、他のドライビング・フォースとの関わりを理解しておくと、シナリオの全体の構造が理解しやすくなる。これについては住宅シナリオの事例で説明する。

● インパクト：住宅シナリオ

　Aさんはドライビング・フォースのインパクトを考慮するにあたって、いま一度シナリオのテーマを振り返った。「10年後の都心の住宅事情はどうなっているか」に答えるシナリオでなければならないし、それによってAさんの戦略テーマ「私は今、都心に戸建を購入すべきか？　購入する場合の留意点はどのようなものか？」の答えが見つからなければいけない。

図4-18 ● 住宅シナリオのキー・ドライビング・フォース

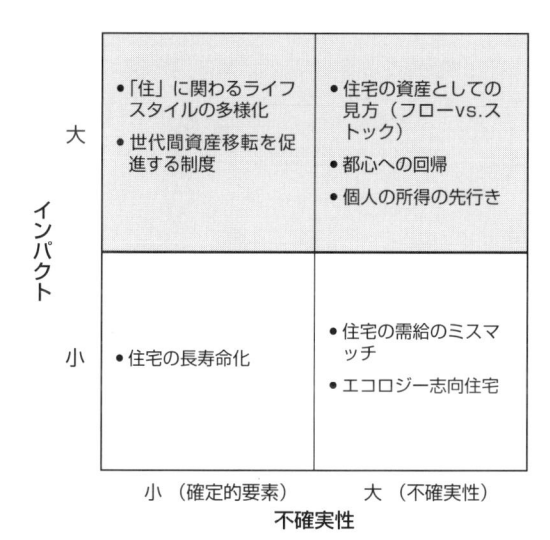

	小（確定的要素）	大（不確実性）
大 インパクト	・「住」に関わるライフスタイルの多様化 ・世代間資産移転を促進する制度	・住宅の資産としての見方（フロー vs. ストック） ・都心への回帰 ・個人の所得の先行き
小	・住宅の長寿命化	・住宅の需給のミスマッチ ・エコロジー志向住宅

不確実性

©Greenfield Consulting, Inc.

　不確実性にあげられたドライビング・フォースのうち、その現れ方によってシナリオが大きく異なってきそうなのは、「住宅の資産としての見方（フローvs. ストック）」、「都心への回帰」、「個人の所得の先行き不透明感」であるように思われた。「住宅の供給ミスマッチ」もインパクトが大きそうであるが、これは「住宅の資産としての見方」と何か関連がありそうである。「エコロジー志向住宅」については、シナリオのテーマから見て、影響度や重要性は低いと判断した。

　確定的要素のうち、「『住』に関わるライフスタイルの多様化」と「世代間資産移転を促進する制度」については比較的重要と思われるが、「住宅の長寿命化」はあまりシナリオのテーマとは関連があるようには思われなかった。これらの判断をマトリクスにプロットすると図4-18のようになった。

　図4-18の右上のセルの三つのドライビング・フォース（住宅の資産として

図 4-19 ● ドライビング・フォースの構造

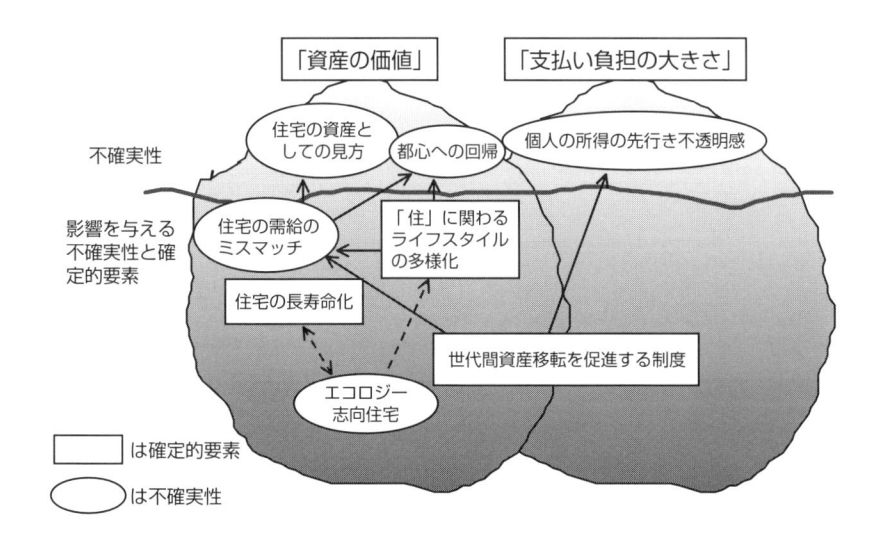

「資産の価値」 「支払い負担の大きさ」

不確実性：住宅の資産としての見方、都心への回帰、個人の所得の先行き不透明感

影響を与える不確実性と確定的要素：住宅の需給のミスマッチ、「住」に関わるライフスタイルの多様化、住宅の長寿命化、世代間資産移転を促進する制度、エコロジー志向住宅

□ は確定的要素
○ は不確実性

©Greenfield Consulting, Inc.

の見方、都心回帰、個人の所得の先行き不透明感）を使ってシナリオの骨格をつくることができそうである。しかし、もう一度、全体の要素のつながりとインパクトについて少し検証してから、シナリオを描き始めることとした。

　まず、この三つの要素のうち、「個人の所得の先行き不透明感」は他の二つとの関連性が低い。「個人の所得の先行き不透明感」を住宅の購入と関連づけると、住宅を購入した後の「支払い能力」や「支払い負担の大きさ」とも言い換えることができる。これに影響を与えるのは、確定的要素の「世代間資産移転を促進する制度」である。この制度設計いかんによっては支払い負担が大きく変わるであろう。また、「個人の所得」のサブ項目にある「デフレ経済の動向」によって地価が影響を受けるであろうし、「金利」もインパクトがあるだろう。

　次に、「都心の住宅事情シナリオ」というテーマからして、「都心回帰」と

「住宅の資産としての見方」は大きく関係している。また、「住宅の需給のミスマッチ」の動向いかんでは、「資産の価値」が影響を受けるであろう。結局これらの項目は、「資産の価値がどうなるか」に関わるドライビング・フォースである。

八つのドライビング・フォースを不確実性を中心にまとめると図4-19のようになる。キーとなる不確実性については、結局「支払い負担の大きさ」と「資産の価値」という名前につけかえた。

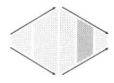

ステップ4：シナリオをつくる

このステップでは、これまでに整理してきたキー・ドライビング・フォースを使ってシナリオをつくりあげる。まずは不確実性に注目して、不確実性の現れ方ごとに異なるシナリオのパターンを理解する。次に、そのようなシナリオはどのような「世界」なのかをストーリーを使って考察する。最後に、そのようなシナリオが「本当に起こりそうか」どうかを因果関係を考慮しつつ論理的に検証する。

● シナリオ・マトリクス

「住宅シナリオ」の例で見たように「不確実性とインパクト」によって切り分けられたドライビング・フォースを、さらにいくつかの「かたまり」としてとらえ、全体の構造を把握する。そして、それらの不確実性をシナリオの分岐要素として扱う。確定的要素のトレンドは、どのシナリオにも共通に現れる要素として扱う（図4-20）。

もし、不確実性のキー・ドライビング・フォースが三つ以上になった場合には、まず、それぞれのキー・ドライビング・フォースが本当に独立しているか（相関していないか）考察する。もし、キー・ドライビング・フォースが三つで互いに独立の関係であれば、$2 \times 2 \times 2 = 8$で八つのシナリオが考えられる（図4-21）。

図 4-20 ● 不確実性と確定的要素の役割

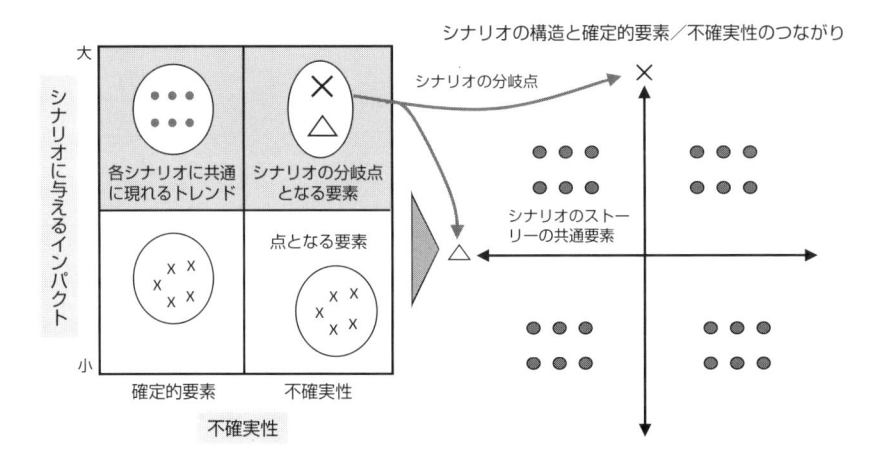

図 4-21 ● 三つの不確実性がある場合の八つのシナリオ

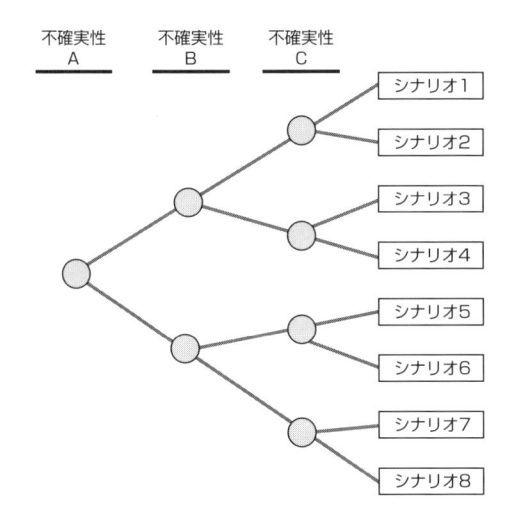

©Greenfield Consulting, Inc.

次に、八つのシナリオのそれぞれが実際の「世界」として存在しうるかのリアリティ・チェックを行う。そうすることで論理矛盾を含んだシナリオがいくつか見つかることがある。その場合は、それらを除いてシナリオの数を少なくまとめていく。
　シナリオの数については、二つの視点で考える必要がある。

- 記憶の限界を意識する：人間の記憶限界が7個程度であることからもわかるように、精緻なシナリオを数十描いても意味がない。重要なことは精緻なことではなく、大きな違いのあるシナリオを描き、それを個人として、または組織として記憶することである。未来を記憶することで、未来に向けての準備をリハーサルしておくことができる。
- 戦略テーマと照らしあわせる：シナリオをつくる目的は戦略テーマについての意思決定を正しく行うためである。意思決定上で大差のないシナリオを多数つくっても意味がない。

　時には大胆にシナリオの数を絞って、大まかな違いを理解することも重要である。

● シナリオ・マトリクス：**住宅シナリオ**

　八つのドライビング・フォースを二つのかたまりにまとめることができ、不確実性についてはそれぞれ「支払い負担の大きさ」と「資産の価値」という名前をつけることができたので、この二つの不確実性を中心にシナリオを描くこととした。
　まず、「資産の価値」であるが、現在のデフレ傾向、低金利の状況及び「都心への回帰」、「住宅の資産としての見方」に存在する不確実性を考慮した時に、「資産価値が今より下落するのか、あるいは現状維持にとどまるのか」という点がその不確実性の内容であろう。土地の需要の減少や、人口の減少という大きなトレンドを見たときに、今よりも資産価値が上昇するという楽観的なシナリオは検討してもあまり意味がないと判断し、「資産価値の上昇」については

図 4-22 ● 住宅シナリオ：二つの不確実性の「両端」

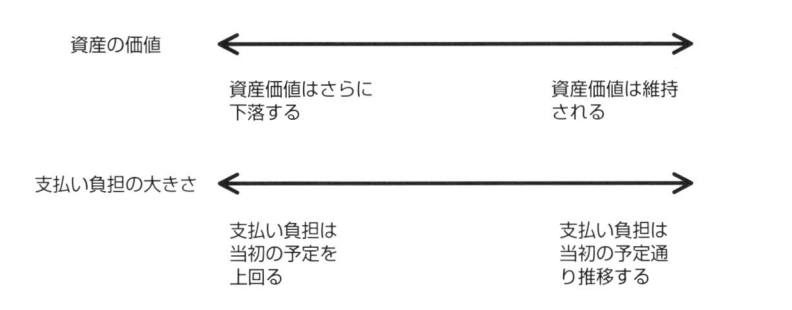

資産の価値 ←――――――――――――――→
　　　　　　資産価値はさらに　　　　　資産価値は維持
　　　　　　下落する　　　　　　　　　される

支払い負担の大きさ ←――――――――――――――→
　　　　　　支払い負担は　　　　　　　支払い負担は
　　　　　　当初の予定を　　　　　　　当初の予定通
　　　　　　上回る　　　　　　　　　　り推移する

図 4-23 ● 二つの不確実性が生み出す四つの「住宅シナリオ」

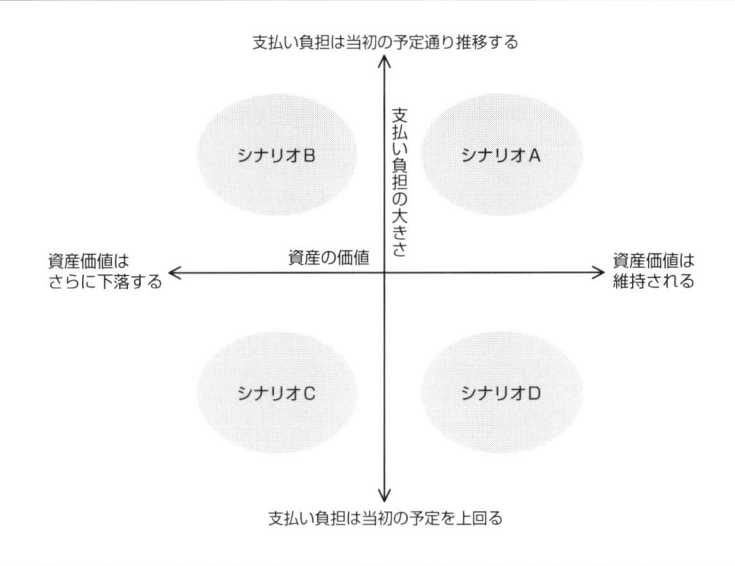

支払い負担は当初の予定通り推移する
　　　　　　　　↑
　　　シナリオB　｜　シナリオA
　　　　　　　　｜支払い負担の大きさ
資産価値は　　　｜　　　　　　　　資産価値は
さらに下落する ←―――資産の価値―――→ 維持される
　　　　　　　　｜
　　　シナリオC　｜　シナリオD
　　　　　　　　↓
支払い負担は当初の予定を上回る

©Greenfield Consulting, Inc.

考えないこととした。

　次に、「支払い負担の大きさ」については、「所得がある程度上昇する中で低金利が維持され、支払い負担が当初の予定通り推移する」か「所得の上昇が抑えられる中で、長期的に金利が上昇し、支払い負担が当初の予定を上回る」と

いう二つのケースが想定できるだろう（図4-22）。

この二つの不確実性からなるシナリオは、図4-23のようなマトリクスで表される。

◉ 支払い負担の大きさに関する感度分析

ここで「支払いの負担の大きさ」に関して、Aさんは少し考察を加えてみた。支払い負担の大きさに影響を与える要素としては、金利と所得のレベルがあるが、どちらの方がインパクトが大きいかを考えてみることにしたのだ。所得のレベルそのものを推定するかわりに、「所得が上がらないことを前提に購入予算を下げることにどんな意味があるか」という疑問への答えを求め、それと金利のレベルのインパクトを比較してみることにした。

Aさんの予算は、土地・建物及びその他の諸費用の総額で5000万円である。現在の貯蓄が700万円あるので、4300万円を借り入れる必要がある。

現時点での最も有利な借入金利は3％であった。これらの数値をベースとして、金利がそれより1％上昇するケース、2％上昇するケース、及び総予算を

図4-24 ◉ ベースケースでの金利と元本の返済比率

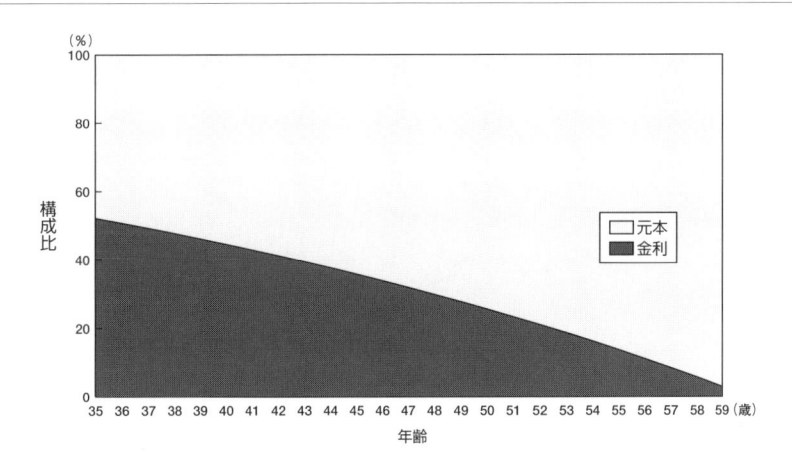

©Greenfield Consulting, Inc.

図 4-25 ● 金利と予算額のシミュレーション

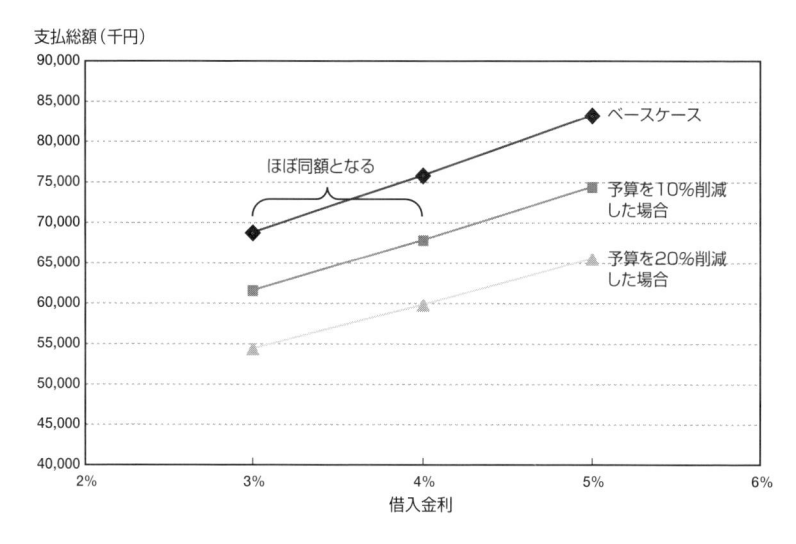

支払総額（千円）

（グラフ：横軸 借入金利 2%〜6%、縦軸 支払総額 40,000〜90,000千円。ベースケース、予算を10%削減した場合、予算を20%削減した場合の3本の線。3%のベースケースと4%の予算10%削減ケースは「ほぼ同額となる」）

注：支払総額には頭金の700万円が含まれている。

©Greenfield Consulting, Inc.

10%減額するケース（借入金3800万円）、20%減額するケース（借入金3300万円）で、支払総額がどのように変動するかを考えてみたのである。60歳を目途に支払いを終えることを考えて、ローンの年数は25年、金利は25年固定の元利均等払いで考えてみた（借入れによる節税効果などは、ケースを簡略化するために考慮していない）。

ベースケース（金利3%、借入金4300万円）をつくってみて感じたことは予想以上の金利支払額の大きさであった。金利支払総額は約1800万円あった（図4-24）。

次に、上述のケースをシミュレーションすると、予算を10%下げても、金利が1%上がれば支払い総額はほとんど変わらなくなるということであった。つまり、借入金の減額分が金利の上昇分で相殺されてしまうということだ（図4-25）。

支払い負担を考える時に、予想以上に金利のウエイトが大きいことがわかった。不確実性の両端の表現はこのままにしておき、シナリオを描く際に金利要素のウエイトの高さを考慮することとした。

● **シナリオ・ストーリー**

シナリオの分岐点となる不確実性も明らかになり、各シナリオでの不確実性の現れ方がわかってきた。この段階までくると、それぞれのシナリオがどのような「世界」かを描いてみることができるようになる。

シナリオが表現する未来は、複数の側面が一貫性を持って共存している「世界」である。それは単に「技術」とか「社会」とかの単一の側面から成り立つのではなく、これまでに見たマクロ的な要素とミクロ的な要素に全て一貫性がある場合に初めて成り立つ。もし、一貫性がなければ世界としては成り立ちえず、そのシナリオはありえないということになる。つまり、シナリオは複数の側面を持った多面体のようなものである（図4-26）。

図 4-26 ● シナリオは複数の側面が一貫性を持って成り立つ「世界」

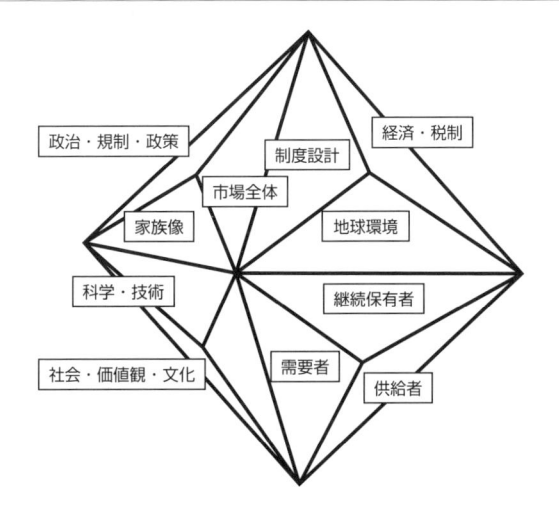

©Greenfield Consulting, Inc.

情報を「棚卸し」する段階で用いたフレームワークを使って、それぞれの側面の状態を描き、それを一貫性のあるストーリーにまとめあげれば、一つのシナリオができあがる。それぞれの側面の状態を描くための要素は、情報を「棚卸し」した段階で入手されている。さらに、どのシナリオにも共通に現れるべき確定的要素も抽出されている。また、シナリオごとの不確実性の方向も既に明らかになっている。従って、大体の側面を描き、ストーリーをつくりあげることが可能なはずだ。

シナリオを描くということは、未来のある時点に視点を移し、「グルッと『世の中』を見渡す」ということである。そして、その時点での新聞記事を書くようにストーリーをつくるということだ。

シナリオのストーリーを書くにあたっての留意点は「未来完了時制」で書くということである。例えば、2010年のシナリオを書くときに、「2010年はこのようなことが起こっているだろう」と書くのではなく、「2010年、このようなことが起こっていた」と書くのである。「〜だろう」調と「〜だった」調では、同じ題材を書くにも詳細な描写の点で違いがでることが実験などでわかっている。[*3]「〜だろう」調では具体的場面が想像しづらく、因果関係や詳細感の欠けた表現になってしまう。これは「ライターズ・ブロック（書き手の障害）」と呼ばれる。しかし、「5年間の計画を書け」という課題ではなく、「5年後、または6年後にどういう状態になっていたかを書け」と言われると比較的簡単に書けると言われる。「未来がどうなるか」でなく、「既に起こってしまった未来」として書くほうが、因果関係を含めて書きやすいということであろう。

● シナリオ・ストーリー：住宅シナリオ

Aさんは、図4-8から4-10までを机の上に並べ、図4-23で示した各シナリオの側面の特徴を書き出していった（図4-27）。

---

*3 『組織化の社会心理学』カール・E・ワイク著、遠田雄志訳、文眞堂、1997年

図 4-27 ● 四つの「10年後の都心の住宅事情」シナリオの特徴

		シナリオ A	シナリオ B	シナリオ C	シナリオ D
不確実性		・支払い負担 → ・資産価値 → 資産形成シナリオ	・支払い負担 → ・資産価値 ↘ 継続居住シナリオ	・支払い負担 ↗ ・資産価値 ↘ 泥沼化シナリオ	・支払い負担 ↗ ・資産価値 → 住み替え検討シナリオ
社会・文化	価値観	・所有志向の継続	・非所有への価値観転換	・非所有への価値観転換	・所有志向の継続
	家族像	・都心住民の多様化（高齢者・単身世帯）	・単身世帯の都心志向、ファミリー世帯の郊外志向	・単身世帯の都心志向、ファミリー世帯の郊外志向	・都心住民の多様化（高齢者・単身世帯）
経済・税制		・デフレ継続で低金利維持	・デフレ継続で低金利維持	・金利は上昇するが所得の拡大は望めず	・経済回復で金利上昇
全体	市場	・好立地の資産価値は維持される	・中古・賃貸増で供給過剰	・中古・賃貸増で供給過剰	・好立地の資産価値は維持される
保有者	継続	・生前贈与は限定的	・生前贈与が拡大	・生前贈与が拡大	・生前贈与は限定的
供給者（メーカー）		・リフォーム市場が拡大	・リフォーム市場が拡大	・リフォーム市場が拡大	・リフォーム市場が拡大
需要者（新規購入者）		・持ち家志向の継続 ・都心回帰継続	・賃貸居住希望者増加 ・より広い郊外で購入	・賃貸居住希望者増加 ・より広い郊外で購入	・持ち家志向の継続 ・都心回帰継続
設計	制度	・中古市場は整備される	・高質賃貸市場の形成	・高質賃貸市場の形成	・中古市場は整備される
政治・制度・政策			・地方分権推進で魅力度上昇	・地方分権推進で魅力度上昇	
科学・技術			・テレコミューティング ・賃貸・中古ネット市場	・テレコミューティング ・賃貸・中古ネット市場	
地球環境			・エコロジー志向	・エコロジー志向	

確定的要素
- 「住」に関わるライフスタイルの多様化
- 世代間資産移転の促進を進める制度
- 住宅長寿命化

©Greenfield Consulting, Inc.

シナリオA：資産形成シナリオ

　シナリオAは「支払い負担は当初の予定通り推移」し、購入した都心の住宅の「資産価値が維持される」世界である。これは、当初の目論見通りであり、資産価値も維持されることから、「資産形成シナリオ」と名づけた。シナリオの複数の側面での一貫性を考慮しつつ、資産形成シナリオのストーリーを記述すると次のようになった。

〈資産形成シナリオ〉
　　20XX年（10年後）の都心は活況を呈していた。バブル後の地価の下落で続いていた都心回帰は継続し、単身世帯の増加、外国人居住者の増加、高齢者の利便性を考えた都心志向とあいまって、都心の住宅の資産価値は上昇とは言えないまでも、期待通りに維持されていた。
　　中古住宅市場が整備される中、人々の持ち家志向は継続し、また、リフォーム市場も活性化したことで、購入した家を上手にメンテナンスしていくという価値観が広まった。生前贈与の相続税非課税枠は拡大したものの、ベビーブーマー世代がリタイア後も継続居住するケースが多く、第2次ベビーブーマーは、自ら家族とともに暮らす家を探さねばならない状況にあった。住宅市場全体は大きな伸びを見せていないものの、都心でも好立地の住宅は相変わらず根強い人気を維持していた。
　　一方、日本経済全体は、構造改革はある程度進んだものの、世界的なデフレ傾向に変わりはなく金利の上昇は起きていなかった。

　Aさんはこのストーリーを書きつつ、これは理想的なシナリオだと思いながら、このシナリオが現れた時の戦略的な施策を次のようにメモに記した。

　　　　買う際の留意点としては、
　　　　　●多少高くても好立地の住宅を買う
　　　　買った後は、
　　　　　●金利の低いうちにできるだけ早期返済を完了する

- 資産価値が減らないように、メンテナンスを十分にする
- 子供が独立してライフステージが変わったら、中古等への住み替えも考える

シナリオB：継続居住シナリオ

　シナリオBは「支払い負担は当初の予定通り推移する」ものの、「資産価値が下落していく」シナリオである。住み続ける以外の選択肢はないかもしれないと思いつつ、「継続居住シナリオ」というタイトルをつけ、そのストーリーを次のように描いた。

〈継続居住シナリオ〉
　　20XX年（10年後）の都心では、多くの高質賃貸住宅が供給されていた。景気の回復が遅れ、サラリーマン世帯の所得も伸び悩む中、土地や住宅によって資産を形成しようという人々は昔よりも減っていた。より広い賃貸に比較的安く住めるのであれば、あえて持ち家を持つ必要はないだろうといった価値観が主流になりつつあった。政府の方針により賃貸住宅の大量供給が図られたことも、この流れを加速していた。
　　また、リフォーム市場の拡大、中古市場の拡大は、賃貸市場の拡大とあいまって住宅供給過剰感を生み出しており、都心の持ち家であってもその資産価値は年々目減りしていった。
　　より広い住宅を求める人々は、郊外に比較的安価な一戸建を買う傾向が強まっていった。単身世帯・高齢者世帯・賃貸志向世帯は都心、ファミリーの持ち家志向世帯は郊外という図式ができつつあった。また、郊外に住む人々の中ではインターネットを使って家で仕事をするいわゆる「テレコミューティング」も一般的になりつつあった。
　　資産価値は目減りしているものの、景気の悪さが手伝ってか、金利は相変わらず低水準のままで、既に都心に持ち家を持っている人々の大半は、あえて売りに出さずにずっと住み続けようと考えていた。

このシナリオに対する施策は、次のようになるとAさんは書きとめた。

　買う際の留意点としては、
- 資産のために買うのではないことを確認する
- 都心の賃貸、郊外の一戸建てで自分たちが満足できないか検討してみる

　買った後は、
- 金利の低いうちにできるだけ早期返済する
- 資産価値が下がったら、メンテナンスを十分にして住み続ける

シナリオC：泥沼化シナリオ

シナリオCは「支払い負担は当初の予定を上回り」、「資産価値は下落していく」という、いわば最悪のシナリオである。持ち家を持ったために泥沼化してしまったという意味で、「泥沼化シナリオ」と名づけた。

〈泥沼化シナリオ〉
　都心に10年前に持ち家を購入していた人々の多くは、後悔していた。20XX年の都心では比較的安価な広い賃貸に住む人々が主流となっていたからである。
　政府が景気刺激策の意味も含めて、高品質な賃貸住宅市場を整備したこともあり、賃貸への居住希望者が増加していた。また、インターネットを使って中古市場、賃貸市場で簡単に物件が探せるようになり、住宅の供給は過剰気味であった。人々の間には「家は持つもの」という価値観は古いものだという「新しい常識」が定着しつつあった。また、「住み方」のライフスタイルが多様化していくのに合わせて、多様な賃貸住宅が提供されたのも、その価値観を後押しした。
　持ち家の資産価値は目減りする一方で、持ち家の支払い負担は増加する傾向にあった。景気が多少回復して金利が少し上昇した。景気は回復基調にあるといっても、企業間の競争は激しさを増し業界内淘汰はまだ途上で

あったため、サラリーマン世帯の所得拡大は多くを望めない状況にあった。

リフォーム市場が拡大したことで、親の住んでいる家を二世帯住宅に改築したり、早めに相続する第2次ベビーブーマーが増えた。彼らだけは、この「泥沼の状況」とは無縁であった。

Aさんは施策を次のように記した。
　買う際には、
- 損をしてでも売却したいときに「売れる」物件（好立地 etc.）を買っておく
- 都心の賃貸で満足できないか検討してみる

　買った後は、
- 支払い負担を見極めて、損を出してでも賃貸住宅に住み替えるのとどちらが得かを判断する

シナリオD：住み替え検討シナリオ
このシナリオは、「支払い負担が増加していく」中、「資産価値は当初の期待通り維持される」シナリオである。

〈住み替え検討シナリオ〉
　20XX年（10年後）になっても、人々の住宅への所有欲に変化はなかった。中古住宅市場が整備され、良質のリフォーム済住宅が供給されたことで、住宅販売市場全体は活況を呈していた。しかし、賃貸住宅市場は期待されたほどには大きくならなかった。都心の住民は、単身・外国人・高齢者・ファミリーと多様化していたが、より便利な都心へと向かう人々の流れは続いていた。景気も回復し、金利は上昇していたが、供給量が十分なこともあってバブル期のような状況にはなっていなかった。10年前に都心の好立地に住宅を購入した人々の中には、子供の独立に伴って、その家を良い値段で売却し、駅前のマンションに住み替えたりする人もいた。住宅が長寿命化する中、程度の良い中古物件が市場に多く出回るようになっ

図 4-28 ● 「10年後の都心の住宅事情」：四つのシナリオ

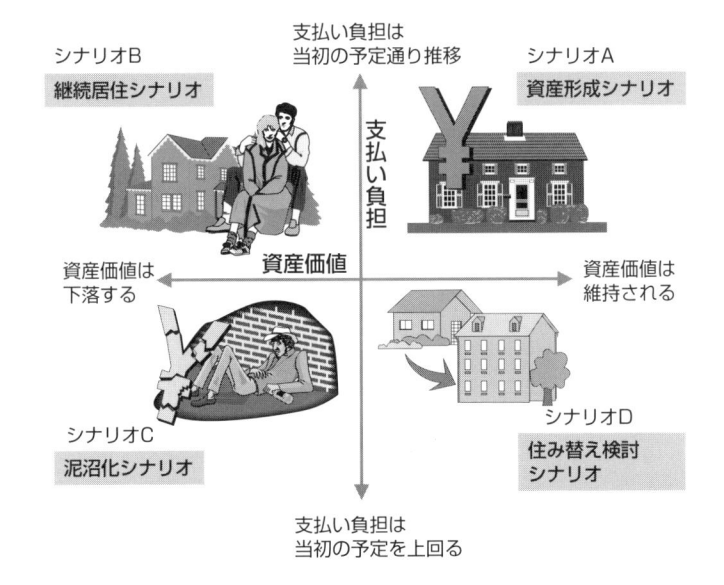

- シナリオB　継続居住シナリオ
- シナリオA　資産形成シナリオ
- シナリオC　泥沼化シナリオ
- シナリオD　住み替え検討シナリオ

縦軸：支払い負担
- 上：支払い負担は当初の予定通り推移
- 下：支払い負担は当初の予定を上回る

横軸：資産価値
- 左：資産価値は下落する
- 右：資産価値は維持される

©Greenfield Consulting, Inc.

ていた。金利が上昇し、支払い負担が増加する中にあっても、過去に形成した資産をベースに多様な選択ができる時代になっていた。

　Aさんの戦略的施策は次のようになった。

　買う際に、
- 多少高くても好立地の住宅を買う

　買った後は、
- 金利が上昇する前にできるだけ早期返済をする
- 資産価値が減らないようにメンテナンスを十分にする
- 将来は中古物件への住み替えも考える

Aさんは四つのシナリオに対応した戦略的な施策を比較しながら、どのシナリオになろうとも共通して言えること、考えておくべきポイントは次のようになると記した。

- 好立地の物件を買う
- 資産としての価値に多大な期待をしない
- 借入金利に注意し、早目の返済を心掛ける
- メンテナンスを十分にして「売りやすく」しておく
- 子供の独立などライフステージの変わり目での住み替えも視野に入れる
- 買うべきかどうかについてはシナリオごとに異なるので、あとは買うリスクを考慮に入れて判断する

　中古住宅の供給量、賃貸住宅の供給量、金利のレベル、都心の住宅の資産価値金額などについて、それぞれのシナリオで条件を決め定量化することで、シナリオをより詳細化することもできる。

　Aさんは、記憶に残す点を考え、各シナリオの名前と特徴を表すようなアイコンを添えて、四つのシナリオを図示しておいた（図4-28）。

● ヒストリーマップ

　前のステップでは、不確実性によって分けられた各シナリオを考察し、「起こりうる」複数の世界を描き出した。これは「現在」という視点をいったん横に置き、未来に視点を移して未来完了的に考察したものであった。例えば、10年後のシナリオであれば、「今と10年後のつながり」はいったん忘れて、10年先に起こっていることを考えたのであった。

　ここで、今と未来とのつながりを考えたときに、本当にそのようなシナリオに行きつくのだろうかという疑問がわいてくるだろう。10年後のシナリオでいえば、「10年で本当にそんな世界まで行くのだろうか」とか、「10年先だったらもっと進んだ世界になっているのではないか」という疑問である。この疑

図 4-29 ● それぞれのシナリオは「今の状況」と、どうつながるのか？

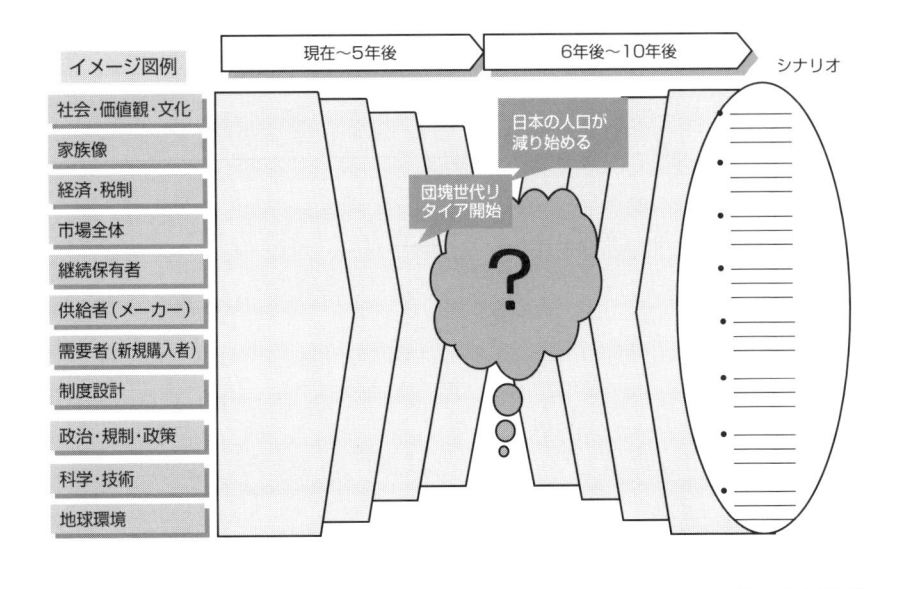

```
イメージ図例
  社会・価値観・文化
  家族像
  経済・税制
  市場全体
  継続保有者
  供給者（メーカー）
  需要者（新規購入者）
  制度設計
  政治・規制・政策
  科学・技術
  地球環境

現在～5年後 ／ 6年後～10年後 ／ シナリオ

日本の人口が減り始める
団塊世代リタイア開始
？
```

©Greenfield Consulting, Inc.

問に答え、シナリオを検証するための手段は、因果関係の順番や時間（ものごとが起きるのに必要な時間や、時間的な遅れ）を考慮して、年表を書いてみることである。

図4-29にあるように、シナリオのストーリーを書く段階では、我々は視点を未来に移している。このシナリオが「ありえそうにもない夢物語」になってしまわないように、未来から振り返って今とのつながりを考える必要がある。

未来を予測するのが「フォアキャスティング」（フォアは「前へ」という意味）と言われるのに対して、この未来からの振り返りは「バックキャスティング」と言われる。未来から振り返り、因果関係と時間を考慮してシナリオを検証し、必要であれば論理的に成り立つストーリーへとシナリオを修正するのである。極端なケースではこの段階で否定されるシナリオもある。

この作業を進めるにあたっては、次の三つの視点で進める。

- 未来から振り返り、未来が成り立つための前提条件を考える
- どのようにしたら現在の状況がそれらの前提条件とつながるかを考える
- 確定的な要素のうち、発生の時間がある程度明確なものについては、ヒストリーマップに位置づける

◉ ヒストリーマップ：**住宅シナリオ**

　Aさんはシナリオのうち、特に気になる「泥沼化シナリオ（シナリオC）」についてヒストリーマップを描き、本当にそのような世界が訪れる可能性があるのかどうか検証してみることとした。

　図4-30にあるように、縦軸にシナリオの側面を表す要素を、横軸に10年を便宜上二つに区切って表記した。

　シナリオに記された未来の状況及び現在の状況とのつながりを考えるうちに、このシナリオが成り立つためのいくつかの条件が新たに見えてきた。

- 賃貸住宅の促進がより進むためには、法律を含めた制度の整備が必要であること
- 10年後にこのシナリオに行きつくためには、その制度整備がここ数年のうちに行われなければならないこと（そうでないと、時間的に10年でこのシナリオにまで行きつきそうにない）
- 団塊世代がリタイアを始める2005年以降の動きが重要な要素となりそうなこと

　これらの条件について詳しく知っているわけではないため、この点の調査は宿題とすることに決めた。逆に調査の結果これらの条件が成り立たなければ、このシナリオは修正すべきかもしれないとAさんは思った。

図 4-30 ● 泥沼化シナリオのヒストリーマップ

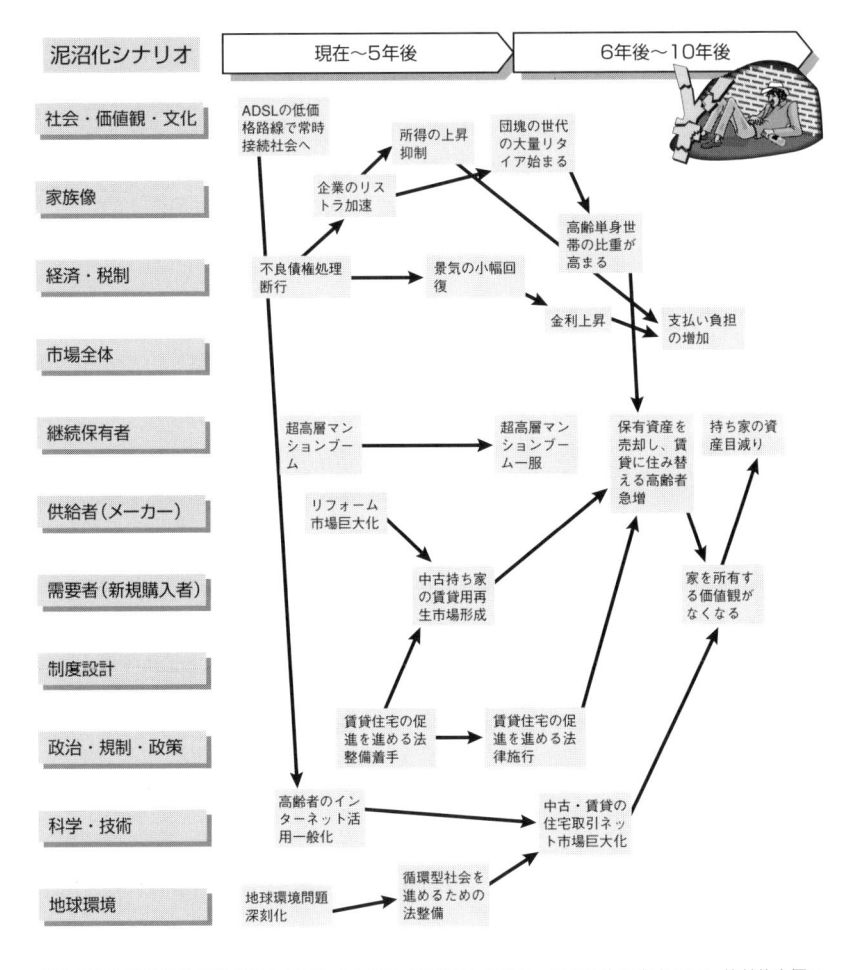

	現在～5年後	6年後～10年後

泥沼化シナリオ

社会・価値観・文化
- ADSLの低価格路線で常時接続社会へ
- 所得の上昇抑制
- 団塊の世代の大量リタイア始まる

家族像
- 企業のリストラ加速
- 高齢単身世帯の比重が高まる

経済・税制
- 不良債権処理断行
- 景気の小幅回復
- 金利上昇
- 支払い負担の増加

市場全体

継続保有者
- 超高層マンションブーム
- 超高層マンションブーム一服
- 保有資産を売却し、賃貸に住み替える高齢者急増
- 持ち家の資産目減り

供給者（メーカー）
- リフォーム市場巨大化

需要者（新規購入者）
- 中古持ち家の賃貸用再生市場形成
- 家を所有する価値観がなくなる

制度設計

政治・規制・政策
- 賃貸住宅の促進を進める法整備着手
- 賃貸住宅の促進を進める法律施行

科学・技術
- 高齢者のインターネット活用一般化
- 中古・賃貸の住宅取引ネット市場巨大化

地球環境
- 地球環境問題深刻化
- 循環型社会を進めるための法整備

　都心に10年前に持ち家を購入していた人々の多くは後悔していた。20XX年の都心では、比較的安価で広い賃貸に住む人々が主流となっていたからである。
　政府が景気刺激策の意味も含めて高品質な賃貸市場を整備したこともあって、賃貸の居住希望者が増加していた。また、インターネットを使って中古市場・賃貸市場で簡単に物件が探せるようになり、住宅の供給は過剰気味であった。
　持ち家の資産価値は目減りする一方で、持ち家の支払い負担は増加する傾向にあった。景気が多少回復して金利が少し上昇していたことに加え、企業競争が激化する中でのサラリーマン世帯の所得拡大は、多くを望めない状況にあった。

©Greenfield Consulting, Inc.

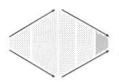

ステップ5：シナリオをウォッチする準備に入る

　ステップ4でシナリオの初稿をつくり、ヒストリーマップを用いて検証を行った。また、さらに調査しなければならない項目も見つかり、もう少し時間をかければストーリーも精緻化できそうな段階にある。

　この初稿の段階でシナリオの発生確率を割り当てて、シナリオに優先順位をつけるのは望ましくない。これまで考えてみなかった世界が見えた直後の段階で、「このシナリオは起こらない」と決めつけるのは早計である。未来はこうあってほしいという願望にひきずられて、「最悪のシナリオ」を排除する可能性があるからである。

　シナリオを絞り込む前に考えるべきことが二つある。
　一つ目は、そのシナリオの発生を何とか事前に予知できないかということだ。ヒストリーマップを使って、シナリオが起こるための前提条件が見えてきたので、それをさらに現在に引き戻してこの数ヶ月間にウォッチすべき対象（記事・現象・事件など）を決めておくのである。つまり、「予兆」を探るということだ。そのようなウォッチすべき対象のことを「早目に警告するサイン」という意味で、アーリー・ウォーニング・サイン（EWS）と呼ぶ。

　EWSは過去数ヶ月の新聞記事の中に散見できるかもしれないし、これから数ヶ月、世の中の変化動向をウォッチしていれば見えてくるかもしれない。大きくは顕在化していない「予兆」に目を向けることで、「世の中」の変化に対する感度を向上させるのだ。その結果、「世の中」の変化の方向感が大まかにつかめるようになる。シナリオを実際に構築し、その後、自らEWSをウォッチするようになると、新聞を読む欄が変わってきたことに気づくことがある。そのようにして、視野が拡大されると、次のシナリオ作成はそれほど難しいと感じなくなる。

図 4-31 ● アーリー・ウォーニング・サイン（EWS）：泥沼化シナリオ

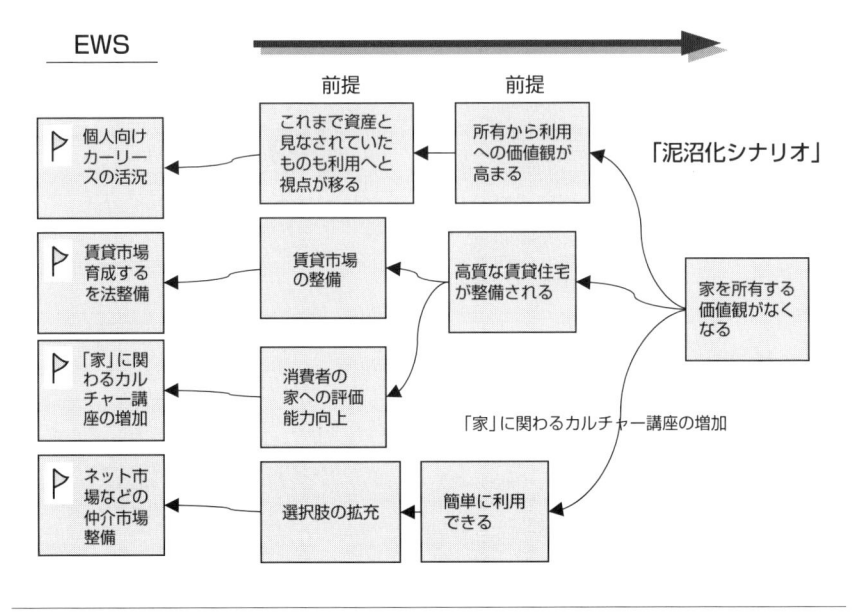

```
EWS                          前提        前提
                         ┌──────────┐ ┌──────────┐
 ▷ 個人向け              │これまで資産と│ │所有から利用│        「泥沼化シナリオ」
   カーリー              │見なされていた│←│への価値観が│
   スの活況              │ものも利用へと│ │高まる    │
                         │視点が移る  │ │          │
                         └──────────┘ └──────────┘
 ▷ 賃貸市場              ┌──────┐   ┌──────────┐   ┌──────────┐
   育成する              │賃貸市場│ ← │高質な賃貸住宅│ ← │家を所有する│
   を法整備              │の整備  │   │が整備される│   │価値観がなく│
                         └──────┘   └──────────┘   │なる      │
                                                       └──────────┘
 ▷ 「家」に              ┌──────┐
   関わるカル            │消費者の│
   チャー講              │家への評価│      「家」に関わるカルチャー講座の増加
   座の増加              │能力向上│
                         └──────┘
 ▷ ネット市              ┌──────┐   ┌──────────┐
   場などの              │選択肢の│ ← │簡単に利用│
   仲介市場              │拡充    │   │できる    │
   整備                  └──────┘   └──────────┘
```

©Greenfield Consulting, Inc.

Aさんの泥沼化シナリオについて考えると図4-31のようになる。

例えば、「家を所有する価値観がなくなる」ためには、「これまで資産と見なされていたものも利用する価値観」に世の中が大きく変化しなければならないだろう。「家」がそう見られるようになる前に、まず「自家用車」がそのような対象になるのではないか。そうだとすれば、「個人向けカーリースの活況」というのがEWSの一つとしてあげられるであろう。

シナリオを描いた後に、シナリオごとのEWSを設定し、数ヶ月間「世の中」をウォッチしてみる。仮説で設定したEWSが実際に多く存在していれば、そのシナリオは起こる可能性が十分にあると判断できる（図4-32）。

EWSはヒストリーマップの中で、特に「現在」を細かく見るためのツールとなる。「未来を考察した後、漫然と待つ」のではなく「未来を体験して、今、行動する」ことが肝要である（図4-33）。

図 4-32 ● アーリー・ウォーニング・サインのウォッチ・イメージ

継続居住シナリオ

EWS	兆候有り？	EWS	兆候有り？
▷	✓	▷	✓
▷	✓	▷	✓
▷	✓	▷	
▷		▷	

資産形成シナリオ

泥沼化シナリオ

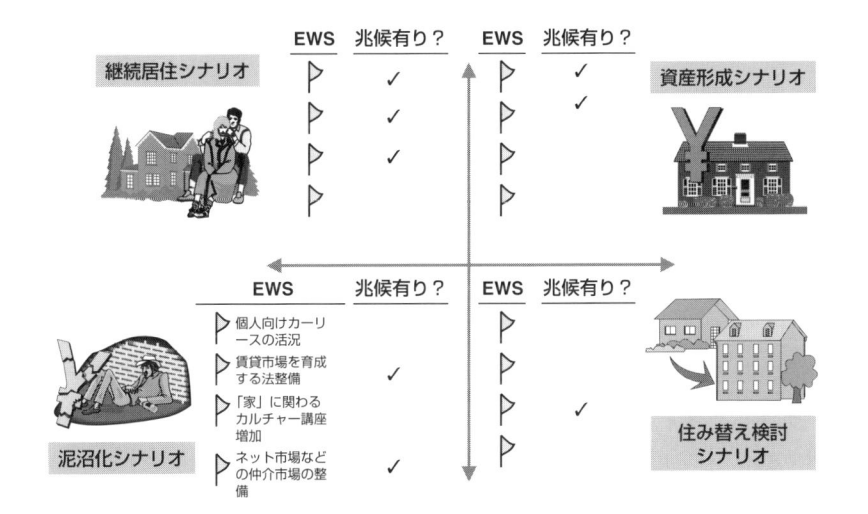

EWS	兆候有り？	EWS	兆候有り？
▷ 個人向けカーリースの活況		▷	
▷ 賃貸市場を育成する法整備	✓	▷	
▷ 「家」に関わるカルチャー講座増加		▷	✓
▷ ネット市場などの仲介市場の整備	✓	▷	

住み替え検討シナリオ

図 4-33 ● アーリー・ウォーニング・サインの位置づけ

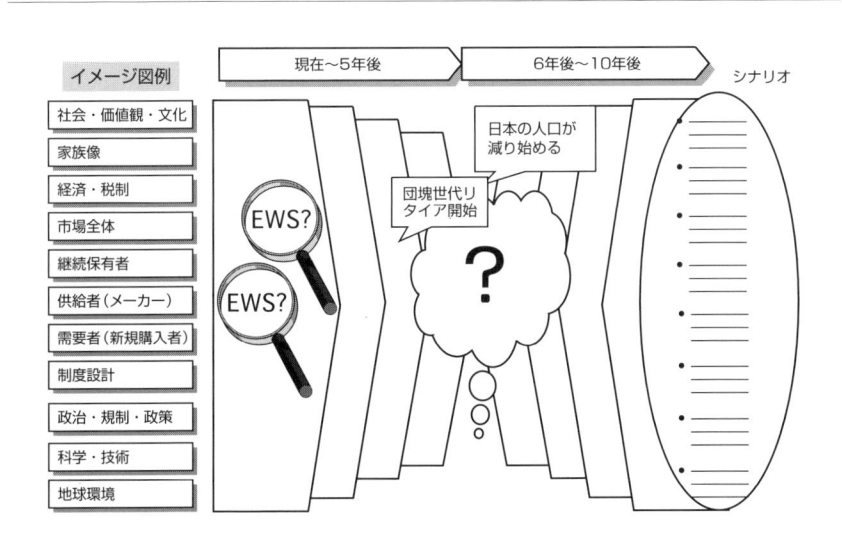

イメージ図例
- 社会・価値観・文化
- 家族像
- 経済・税制
- 市場全体
- 継続保有者
- 供給者（メーカー）
- 需要者（新規購入者）
- 制度設計
- 政治・規制・政策
- 科学・技術
- 地球環境

現在～5年後　　6年後～10年後　　シナリオ

EWS？
EWS？

日本の人口が減り始める
団塊世代リタイア開始

?

©Greenfield Consulting, Inc.

二つ目は、シナリオを絞り込んで捨ててしまう前に、「もし起きたらどうするか」までを考えておくことだ。Ａさんがメモに記したように戦略的施策についてまとめておくのである。仮に発生確率が低そうでも、起きてしまったら大きな戦略転換を余儀なくされるようなシナリオについてはウォッチし続け、いつでも対処できる「構え」をつくっておく姿勢が必要である。
　戦略についての考察は第６章で述べる。

まとめ

　この章では、シナリオを実際につくりながら、シナリオ・シンキングをステップごとに解説してきた。第２章で説明した「ロジカル・シンキング」「システム・シンキング」「オブジェクティブ・シンキング」のいくつかの要素を使い分けながら、「発散から収束まで」のプロセスを終えることで一連のシナリオができあがる（図4-34）。しかし、これはあくまでも「第一仮説」にすぎない。
　今まで見えていなかった「世界」や「変化」を見つめることで、より「世の中」を深く考えるようになった分だけ、「今まで知らなかったこと」に気づくようになる。この「気づき」により、さらに「世の中」を見つめるようになり、シナリオは「第二仮説」へと進化するのである。
　大事なことは、シナリオをつくった段階で、思考を停止するのではなく（それでは単なる予測と同じになってしまう）、さらに仮説を深めていくことだ。結果として、より客観的に世の中を見つめることができるようになり、意思決定の質が向上する。
　このプロセスを振り返って、発散から収束までのプロセスを経なくても、主要な不確実性（住宅シナリオの場合だと、「支払い負担」と「資産価値」）はすぐに抽出できる、と感じる読者もいるかもしれない。しかし、不確実性だけを見つけ出しても、シナリオという世界を細部にわたって描くことはできないはずだ。「神は細部に宿る」と言われるように、「全体感を維持しつつ詳細まで考察すること」が未来を考えるうえで重要なのである。

図 4-34 ● 未来をとらえるための四つの思考法

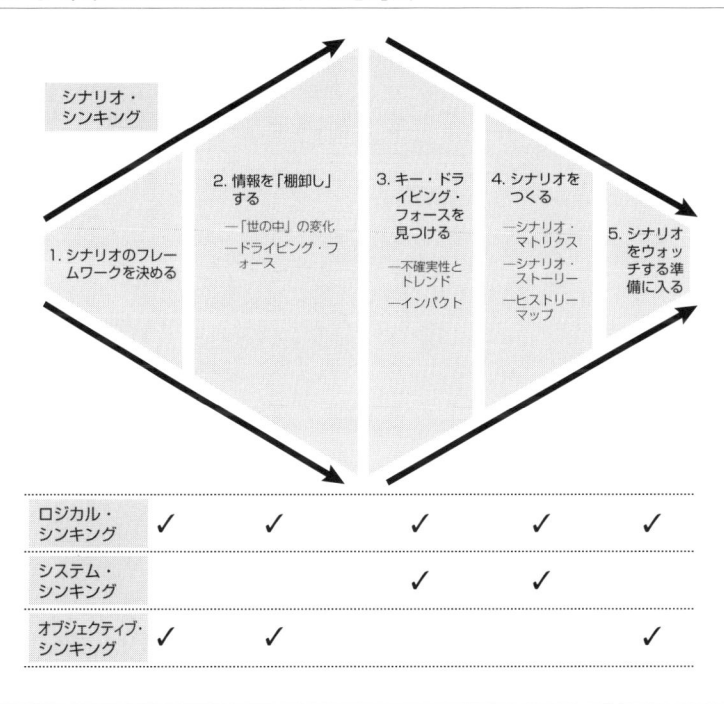

	1. シナリオのフレームワークを決める	2. 情報を「棚卸し」する	3. キー・ドライビング・フォースを見つける	4. シナリオをつくる	5. シナリオをウォッチする準備に入る
ロジカル・シンキング	✓	✓	✓	✓	✓
システム・シンキング			✓	✓	
オブジェクティブ・シンキング	✓	✓			✓

シナリオ・シンキングの構成要素:
- 2. 情報を「棚卸し」する
  ―「世の中」の変化
  ―ドライビング・フォース
- 3. キー・ドライビング・フォースを見つける
  ―不確実性とトレンド
  ―インパクト
- 4. シナリオをつくる
  ―シナリオ・マトリクス
  ―シナリオ・ストーリー
  ―ヒストリーマップ

©Greenfield Consulting, Inc.

　次の第5章では、この一連のシナリオ・シンキング・プロセスを企業という組織の中でどのように実行するかについて解説する。

Scenario Thinking

第5章
組織の中でシナリオ・シンキングを実践する

複数の未来を思い描き、
それぞれの示唆を考えていくならば、
何が起きたとしても、
より良く対処できるようになる。
——『ビジネス・ウィーク』1999年8月23/30日号

本章では、第4章で概観したシナリオ・シンキングのプロセスを組織内で実践するための方法論について解説する。具体的には、シナリオ構築プロジェクトの進め方としての「プロジェクト・プランニング」、プロジェクトの要となる「シナリオ・ワークショップの運営」、及び、アウトプットとしての「シナリオのコミュニケーション」の3点について述べる。

プロジェクト・プランニング

最近、シナリオをマネジメントのツールの一つとして採用する企業が増えつつある。それも、未来環境を完璧に予測するためのツールとしてではなく、不連続に変化し不確実性の高い未来環境についてより良く認識・理解をし、組織をあげて考え準備するためのツールとしてである。

我々は通常、組織の持つ価値観や企業文化を土台として、組織内で意思決定を行い業務を遂行している。価値観や文化に規定されたルールに従って、よく言われるPDCA（Plan-Do-Check-Action）サイクルを回しているのである（図5-1）。そのような状況下では、C（チェック）の段階で発見された予定からの

図 5-1 ● PDCAサイクルとルール／価値観／企業文化

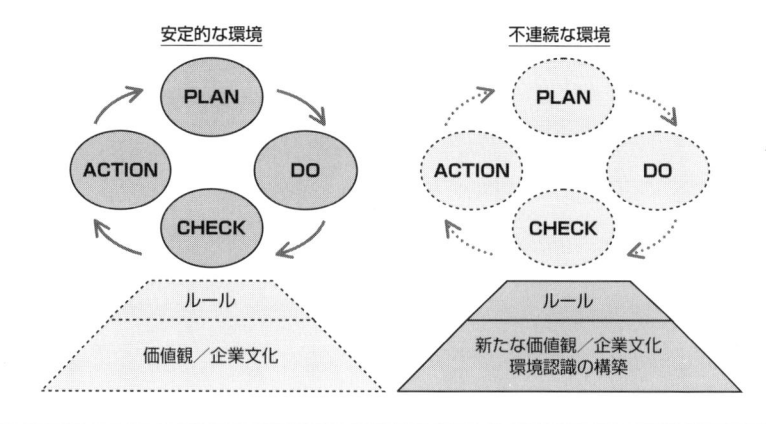

©Greenfield Consulting, Inc.

図 5-2 ● シナリオ・プロジェクトのフロー

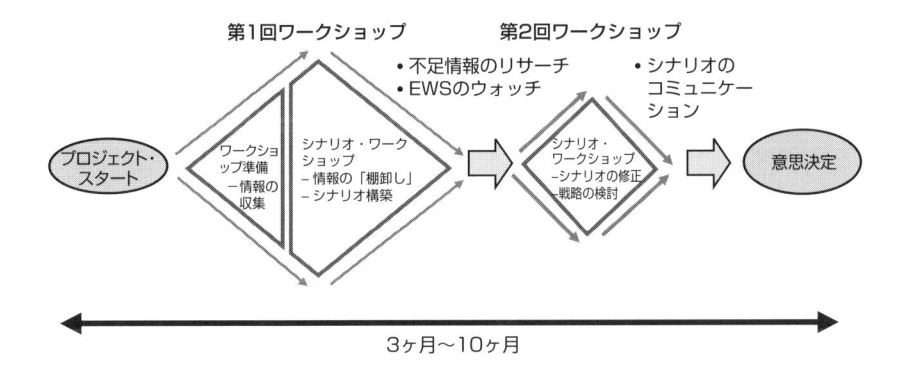

第1回ワークショップ
- 不足情報のリサーチ
- EWSのウォッチ

第2回ワークショップ
- シナリオのコミュニケーション

プロジェクト・スタート → ワークショップ準備－情報の収集 → シナリオ・ワークショップ －情報の「棚卸し」－シナリオ構築 → シナリオ・ワークショップ －シナリオの修正戦略の検討 → 意思決定

3ヶ月～10ヶ月

©Greenfield Consulting, Inc.

ズレは、次のA（アクション）段階で修正される。しかし、環境が激変し、これまでの価値観や企業文化が活きないような状況では、予定からズレた場合にアクションの修正だけでは不十分であり、判断ルールひいては価値観や文化そのものを変える必要が出てくる。新たな価値観や文化を構築し直して、新しい環境に対処せねばならないということである。ふだん、組織の人々が暗黙裡に土台としているそのような価値観を変えようとすれば、まず図5-1のような構造の中で意思決定がなされていることを、十分に意識する必要がある。組織の持つ「環境についての眼鏡」を意識し、それをかけ替える必要が出てくるということだ。そのような「新しい眼鏡」を生み出すツールとしてシナリオが活用されることが多い。

今述べたような「眼鏡のかけ替え」すなわち、パラダイム・シフトを組織にもたらすためには、「発散と収束を繰り返しながら、『気づき』が多く生み出されるようなプロセス」を意識して仕掛ける必要がある。

シナリオ・プロジェクトは、通常長いもので10ヶ月程度、短いもので2～3ヶ月のプロセスを経る。そのプロセスは、図5-2に示すように、同じテンポで進むのではなく、ワークショップを中心に「発散と収束」を繰り返すようにデ

ザインされる。

● プロジェクト・スタート

　組織を取り巻く環境を見つめ直し、必要であれば組織の持つ「眼鏡」ひいては価値観までを変えようとする取り組みは、第3章で述べたように「現状に対する危機意識」がないと始まらない。

　変革の取り組みがうまくいくのは、「環境の変化は起きつつあるが、業績は良い状態が維持できている時」（図5-3の右下のセル）である。これが、「変化も起きているが、業績も悪い状態」になってしまうと、取れる選択肢が数少なくなり、「手詰まり」状態に陥りやすい。残っているのは「リストラのみ」となりかねないのである。

　一方、この右下のセル（変革のチャンス）では、業績が悪くないために、環境変化の胎動や組織変革の必要性が自明のものとなりにくい。それゆえ、変化の予兆や危機感を感じている人々が（経営トップであれ、一部の現場の人々であれ）、危機認識を事実とともに簡潔にまとめ、環境認識を再構築する必要性を組織のメンバーに訴えかける必要がある。その事実には、マーケット・シェ

図 5-3 ● 「環境・業績」と「企業変革への取り組み」の関係

	環　境	
	変化なし	変化あり
業績 悪い	経営ミス	手詰まり
業績 良い	改善の維持	変革のチャンス

©Greenfield Consulting, Inc.

アの漸減や新たな競合の出現、規制や税制の変更の予兆などがあるだろう。それらの事実をベースに「一度、包括的に『世の中』の変化動向を見つめ直そう」という共通認識ができあがることが、シナリオ・プロジェクトがスタートできる条件となる。

● シナリオ・ワークショップに向けての準備段階

シナリオを構築するワークショップを開催する前に、ワークショップに参加するメンバーの視野を十分に拡大しておく必要がある。既知の情報だけでなく、未知の情報に触れ、広い視野で発散して考えることができるよう準備を進めておく必要があるということだ。

このプロセスの進め方には次の三つの方法がある。
- トレンド・ブックの作成と配布
- 多様な分野の読書会の開催
- 専門家へのインタビューや専門家を招いたレクチャー・シリーズの開催

トレンド・ブックの作成と配布

第4章で解説したようにMECEのフレームを用いながら、「世の中」の情報を棚卸しするカテゴリーをまず設ける。「住宅シナリオ」の例で言えば、図4-5で示したような、「社会・価値観・文化」から「制度設計者」までの11カテゴリーである。そのカテゴリーごとに、「世の中」の変化動向をまとめ、簡単な資料を作成する。

この資料のことをトレンド・ブックと呼ぶ。このトレンド・ブックには、マクロな切り口からミクロな切り口まで、シナリオのテーマに合わせたさまざまな情報が盛り込まれている。この内容をワークショップ参加メンバーが事前に共有することで、メンバーの知識・情報レベルを合わせることができると同時に、視野を拡大させておくことが可能となる。

多様な分野の読書会の開催

これは、前述のさまざまなカテゴリー（「住宅シナリオ」で言えば11のカテ

ゴリー）ごとに、今後の変化動向を記した本を選び、参加メンバーで担当を決めて読み、本の内容を紹介し感想・示唆など発表していくものである。トレンド・ブック作成に比べて、手間と時間がかかるが、時に対極的な意見を述べた本を比較することもでき、視野と知識を拡大していくのに非常に役立つ。

実際に、筆者が参加した「日本の産業の未来シナリオ」を考えたプロジェクトにおいては、メンバー数名で社会学や政治・経済・人口動態など数十冊に及ぶ本を読み合わせ、大局的な視野に立った多様なシナリオを構築することができた。

専門家へのインタビューや専門家を招いたレクチャー・シリーズの開催

これは、読書会以上に時間とコストがかかるが、非常に有効な手段である。さまざまなカテゴリーの変化動向について、おのおのの専門家にインタビューするか、または彼らを招いて、それぞれの意見を語ってもらうというものである。知識を深めていくのに役立つ一方で、専門家の予測する未来像に引っ張られてアンカリング（歪み）を起こしてしまい、単一の未来像を描きがちになるリスクもあるので、その点は注意が必要である。

以上、三つの進め方は、紹介した順に、時間とコストがアップする。トレンド・ブック作成の場合で1～2ヶ月、レクチャー・シリーズを開催するとワークショップまでの準備段階で数ヶ月が必要となる。

● **第1回シナリオ・ワークショップの開催**

準備段階における情報の収集、参加メンバーの知識・情報レベルの均一化及び視野の拡大を経て、シナリオを構築するためのワークショップを開催する。このワークショップでは、第4章で述べた一連のプロセスを集団として遂行し、複数のシナリオをつくりあげる。

ワークショップの参加メンバー

ワークショップでは、ドライビング・フォースの抽出など参加者全員で行う

作業と、シナリオのストーリーづくりなど、いくつかのグループに分かれて行う作業が併存する。それゆえ、全員で議論でき、かつ、3〜4グループに分かれて作業ができる程度の人数で行うのが適当である。理想的なのは、16〜20名程度だ。この人数であれば、全員での討議も可能であるし、各グループ4〜5名で四つのグループをつくり、おのおのでシナリオのストーリーをつくりあげることも可能となる。また、このメンバーのうち数名がコアメンバーとして機能し、事前のトレンド・ブック作成やレクチャー・シリーズのアレンジなどを行うのが望ましい。

社内のある事業部門について、その環境のシナリオを検討する時、どのようなメンバーが参加するのが望ましいだろうか。

まず、社内の人間だけでワークショップを開催する場合でも、他部門の人々に参加してもらった方が、視野が拡大され、多様な意見が抽出されやすい。新事業開発に携わっているメンバー、社外に出向しているメンバーなどが参加すれば、多様な見方を反映した多様なシナリオが生まれやすくなる。また、必要に応じて第三者（社外のメンバー）に参加してもらうのも良い方法だ。提携先や取引先の社員、業界の研究機関のメンバーなどの参加によって、多様な意見が出やすくなる。

また、外部からファシリテーターを招くことで、発散と収束のプロセスがよりスムーズに進むようになることが多い。

進行スケジュール

ワークショップで「発散から収束」までを行い、第4章で描いたようなシナリオをつくるためには、ほぼ丸2日が必要になる。1日目の朝から議論を始め、シナリオのパターンをつくるところまでで1日目が終了する。2日目はシナリオのストーリーの詳細とヒストリーマップ（年表）を使って検証を行い、シナリオの内容を全員で確認していく。

● EWSのウォッチと不足情報のリサーチ

ワークショップの最後のステップで出てきた、EWS（アーリー・ウォーニ

ング・サイン）については、参加メンバーで担当を決めて、ワークショップ後数ヶ月間ウォッチをする必要がある。

　特定のシナリオの出現を指し示す「予兆」が現れてきていないかを調べるのである。

　例えば、米国のエネルギー会社、デューク・エナジー社では、策定した三つのエネルギー・シナリオにそれぞれ23個のEWSを設定し、それらをウォッチし続けることで、二つのシナリオのどちらに世の中が変化しそうかを探っている。そして、現在の戦略がそのような変化に対処できているかをチェックしている。[*1]

　また、不足情報のリサーチについても同様である。不足情報とは、参加メンバーの知識不足で、第1回目のワークショップでは「よくわからなかった情報」のことである。

　第4章の「住宅シナリオ」の例で言えば、「賃貸住宅の促進のための法制度整備の状況」「団塊世代のリタイアの動き」などの宿題化された項目である。これらの不足情報の存在を知ったということは、「何がわかっていなかったのかを知った」という点で、まさしく視野が拡大されたことを示しており、それらの点を深く知ることで「世の中」についての理解度が向上する。シナリオの「第二仮説」へ向けて必ず詰めていただきたいポイントである。

◉ 第2回シナリオ・ワークショップの開催

　EWSと不足情報についてのリサーチ結果を共有することから、第2回目のワークショップはスタートする。EWSでその「予兆」が多く示されたシナリオの発生可能性について議論し、それらを当面のシナリオとしてとらえてよいか吟味する。

　EWSが少なかったシナリオについてはどうするか。引き続きウォッチし続けるケースと、ロジックを含めて再検討して別の新しいシナリオと入れ替えるケースがある。別の新しいシナリオとは、第1回目のワークショップ以降に生

[*1] Power Grid: Soft Landing or Hard? Firm Tests Strategy on 3 Views of Future, *The Wall Street Journal*, July 7, 2000

まれてきた変化動向から導かれる全く新しいシナリオの場合もあれば、これまで検討されたシナリオの一つを分割して二つのシナリオとして詳細に描かれるシナリオの場合もある。いずれにしても、EWSの結果や不足情報について入手し検討した結果、シナリオの入れ替えや修正を行うのである。

　この段階では、ほぼ「世の中」の動向が見渡せるようになっているはずであり、通常は2回目のワークショップで、シナリオの構築は完了する。その後、引き続いて戦略の検討及び組織へのコミュニケーションへのステージに移る。

シナリオ・ワークショップの運営

　シナリオ・プロジェクトの中心は、シナリオを構築するワークショップである。

　これまでに述べたように、ワークショップでは20名程度の参加メンバーで、実際にシナリオのストーリーライティングやロジックの検証までを行う。その

図 5-4 ● シナリオ・ワークショップにおける作業モジュール

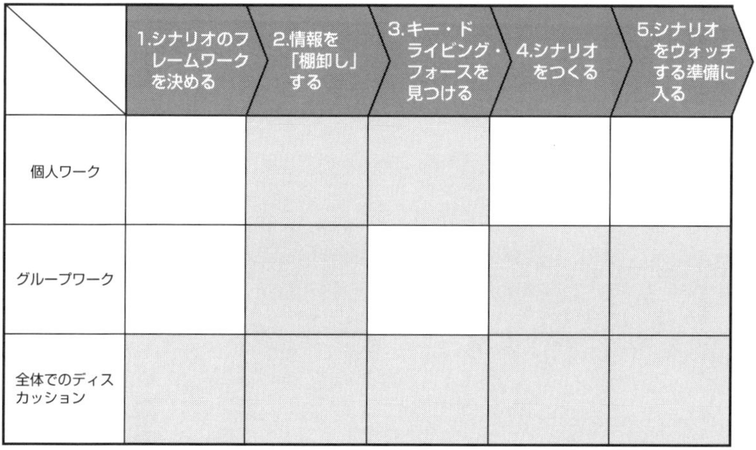

	1.シナリオのフレームワークを決める	2.情報を「棚卸し」する	3.キー・ドライビング・フォースを見つける	4.シナリオをつくる	5.シナリオをウォッチする準備に入る
個人ワーク					
グループワーク					
全体でのディスカッション					

©Greenfield Consulting, Inc.

ため、図5-4に示すように、個人ワーク、グループワーク、全体でのディスカッションがさまざまに組み合わさった形で運営される。

ディスカッションを円滑に進めるため、ファシリテーターは外部からプロフェッショナルを招くことが望ましいが、社内のメンバーだけでワークショップを開催する場合でも、ファシリテーターは専任とし、議論に参加するのではなくワークショップ運営にフォーカスすることが望ましい。

1. シナリオのフレームワークを決める

「シナリオのテーマ」及び「情報の棚卸しフレーム」は、ワークショップの前に決められているはずであるが、このステップで再度確認しておくことが望ましい。議論が発散し白熱していく過程で、「シナリオをつくる目的」を見失うことが多々あるからだ。「シナリオをつくることで、どのような戦略的意思決定をしようとしているのか」をいま一度確認し、シナリオのテーマや対象を必要に応じて修正する必要がある。また、世の中の変化のうち、「特に気になる点は何か」を参加メンバー全員に確認しておくことも重要だ。MECEにつくられたカテゴリーの分解精度を上げ、「ある側面についてはより詳細に見る」ことが必要になることもある。参加メンバーの意見の引き出しは、ファシリテーターが行う。おのおのの発言を書き留めつつ、参加メンバー全体としての意見集約を図る。

2. 情報を「棚卸し」する

このステップで最初に行うことは、「住宅シナリオ」の例でAさんが行ったのと同様に「世の中」の変化動向のキーワードを抽出することである。まず、個人ワークとして参加メンバーおのおのが付箋にキーワードを記入する。

一人当たり20〜30のキーワードは容易に抽出できるはずである。次にいくつかのグループに分かれてこれらのキーワードを、KJ法でまとめていく。例えば、Aグループでは「社会・価値観・文化」と「経済・税制」を担当し、Bグループは「政治・規制・政策」と「科学・技術」を担当するといった具合である。最後にカテゴリー横断的な要素に気をつけながら、各グループが行った

図 5-5 ● キー・ドライビング・フォースの抽出：「住宅シナリオ」の例

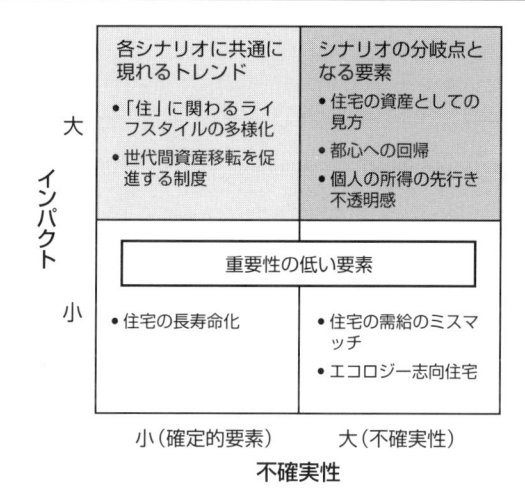

	小（確定的要素）	大（不確実性）
大 インパクト	各シナリオに共通に現れるトレンド ・「住」に関わるライフスタイルの多様化 ・世代間資産移転を促進する制度	シナリオの分岐点となる要素 ・住宅の資産としての見方 ・都心への回帰 ・個人の所得の先行き不透明感
小	重要性の低い要素 ・住宅の長寿命化	・住宅の需給のミスマッチ ・エコロジー志向住宅

不確実性

©Greenfield Consulting, Inc.

KJ的カテゴリーを参加者全員でながめ、ドライビング・フォースとしてのキーワードを抽出する。

3. キー・ドライビング・フォースを見つける

　このステップではドライビング・フォースを不確実性と確定的要素（トレンド）に分け、また、それらのインパクトについて考察し、インパクトの高いものを抽出する。

　この一連のステップは、まず個人作業として行う。おのおののメンバーが図5-5に示すようなキー・ドライビング・フォースを抽出し、その後、参加者全体で意見の相違を確認し、ディスカッションし集約していく。

　意見の集約については、いったん投票などの方法でウエイトづけをして大勢の意見を確認し、少数意見については、その意見の前提となった考え方について対話を繰り返す方法をとるのが効果的である。

　また、全員でディスカッションしながら、ファシリテーターが図5-6のよう

図 5-6 ● ドライビング・フォースの構造：「住宅シナリオ」の例

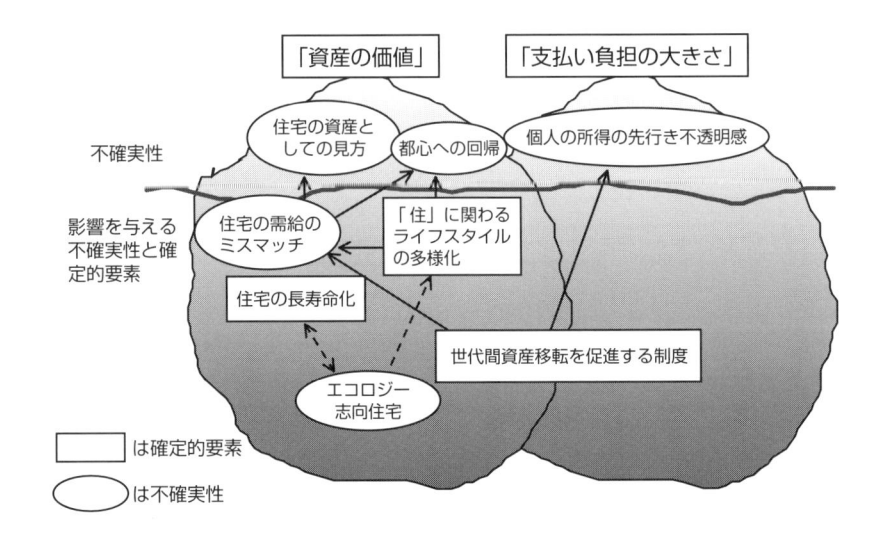

「資産の価値」　「支払い負担の大きさ」

不確実性
- 住宅の資産としての見方
- 都心への回帰
- 個人の所得の先行き不透明感

影響を与える不確実性と確定的要素
- 住宅の需給のミスマッチ
- 「住」に関わるライフスタイルの多様化
- 住宅の長寿命化
- エコロジー志向住宅
- 世代間資産移転を促進する制度

□ は確定的要素
○ は不確実性

©Greenfield Consulting, Inc.

な構造図を描き、意見を集約し収束させていく方法もある。

4. シナリオをつくる

　不確実性について議論が集約でき、シナリオのパターンが決まったら、次は4～5名のグループに分かれて、シナリオのストーリーを描いていく。

　四つのシナリオであれば、4グループに分かれて、一つのグループが一つのシナリオを担当する形でロジックを詰めていく（図5-7）。

　各グループは、そのシナリオが起こることを前提として未来完了的に考え、一つの世界として各側面のロジックが一貫性を持って成り立つように、ストーリーをつくっていく。

　シナリオのイメージを表すシナリオ名、2～3のパラグラフからなるストーリー、各側面ごとの特徴を与えられた時間の中で考え、フリップチャートにま

図 5-7 ● グループに分かれてシナリオをつくる

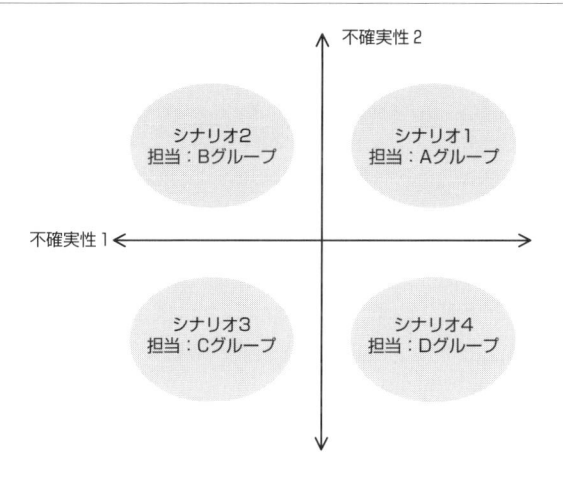

```
                    不確実性2
                       ↑
         ┌─────────┐      ┌─────────┐
         │ シナリオ2 │      │ シナリオ1 │
         │担当：Bグループ│    │担当：Aグループ│
         └─────────┘      └─────────┘
不確実性1 ←─────────────┼─────────────→
         ┌─────────┐      ┌─────────┐
         │ シナリオ3 │      │ シナリオ4 │
         │担当：Cグループ│    │担当：Dグループ│
         └─────────┘      └─────────┘
                       ↓
```

図 5-8 ● グループごとの作業アウトプットイメージ

泥沼化シナリオ

泥沼化シナリオ・ストーリー

- 都心に10年前に持ち家を購入していた人々の多くは後悔していた。20XX年の都心では、比較的安価で広い賃貸に住む人々が主流となっていたからである。政府が景気刺激策の意味も含めて高品質な賃貸市場を整備したこともあって、賃貸の居住希望者が増加していた。また、インターネットを使って中古市場・賃貸市場で簡単に物件が探せるようになり、住宅の供給は過剰気味であった。

- 持ち家の資産価値は目減りする一方で、持ち家の支払い負担は増加する傾向にあった。景気が多少回復して金利が少し上昇していたことに加え、企業競争が激化する中でのサラリーマン世帯の所得拡大は、多くを望めない状況にあった。

泥沼化シナリオの各側面

不確実性	・支払い負担 ↗ ・資産価値 ↘ 泥沼化シナリオ	
社会・価値観・文化	・非所有の価値観転換	需要者（新規購入者）	・賃貸居住希望者増加 ・より広い郊外で購入
家族像	・単身世帯の都心志向、ファミリー世帯の郊外志向	制度設計者	・高質賃貸市場の形成
経済・税制	・金利は上昇するが所得の拡大は望めず	政治・規制・政策	・地方分権推進で魅力度上昇
市場全体	・中古・賃貸増で供給過剰	科学・技術	・テレコミューティング ・賃貸・中古ネット市場
継続保有者	・生前贈与が拡大		
供給者（メーカー）	・リフォーム市場が拡大	地球環境	・エコロジー志向

©Greenfield Consulting, Inc.

とめていく。

　その後、各グループからの発表を経て、そのようなシナリオが成り立つか、またありうるかについて、全員でディスカッションを行う。ディスカッションの結果、シナリオの一部が修正されることもある。

　ヒストリーマップ（年表）についても同様に、まずは各グループごとに「たたき台」を作成し、その後全員でディスカッションをしてシナリオのロジックを確認する。

5. シナリオをウォッチする準備に入る

　各グループは、一つのシナリオを担当している。つまり「一つの未来世界」がありえるか、ロジックとして成り立つかをここまで検討してきている。EWS（アーリー・ウォーニング・サイン）についても同様に、各グループが自分の担当シナリオを「現在に引き戻して」、何をウォッチしておけばそのシナリオの発生に気づくことができるかを検討し抽出する。各シナリオごとのEWSは10〜20程度がウォッチし続けられる限界であろう。EWSは、シナリオに固有というよりも、不確実性の方向性に固有の面があるので、シナリオ間でEWSにダブリが生じてもかまわない。

　このステップでも、各グループからの発表を経て全員で議論し、最後に、ワークショップの後にEWSをウォッチする担当者を決める。

シナリオのコミュニケーション

　「シナリオはストーリーであり、ストーリーは記憶に残りやすい」という点は、第3章で述べた。

　ワークショップでつくられたシナリオを、ワークショップに参加していなかった多くの人々に伝えていく場合、次の三つのコミュニケーション・スタイルが考えられる。

- シナリオ・ブック

- ワークショップ・プロセス・レポート
- ドライビング・フォース・レポート

　一つ目の「シナリオ・ブック」とは、ワークショップで描かれたシナリオのストーリーを小説風に加筆し修飾したものである。各シナリオが一つの「物語」となっており、四つのシナリオであれば、四つの物語が示されている。
　次に示すのは、日本の未来シナリオの一つとして記述されたものである。

　　日本空洞化シナリオ
　　　2020年3月14日、米国カリフォルニア州ティブロンにて
　　　食卓は彼女らしい洗練された料理で飾られていた。メインディシュにサーモンの白ワインソース・マッシュルーム添え、ホウレンソウとマンダリンオレンジのサラダ、そしてオードブルの数々はどれもちょっとした工夫が凝らされていた。(中略) サンジョウは微笑んだ。「ええ、そうですね。西暦2000年のことを覚えておられるでしょう。銀行救済が何度も行われた年でした。当時の日本銀行にいた人なら、誰でも、この年のことを生涯忘れることはないでしょう。……」(中略)「……金融改革は蓋を開けてみたら遅々として進まなかったのです。当初2001年とされていたデッドラインは後退に次ぐ後退で、結局は努力目標だけで無期限先送りとなってしまったのです。……」(中略)「……あれから20年、日本は今や瀕死の状態です。経済が弱体化し、空洞化がここまで進んでしまったのだから、後は衰退の一途をたどるしかないでしょう。日本は誰からも相手にされない国です。少しでも意欲のある人なら、これから生きていく場所として日本以外の国を選ぶのは当然でしょう」[*2]

　このようなストーリーを小冊子として配布し、どのシナリオも起こりうる可能性があることを認識してもらうようにするのである。

＊2　『三つの未来』中前忠編著、日本経済新聞社、1998年

二つ目の「ワークショップ・プロセス・レポート」とは、「シナリオ・ワークショップ」でたどった思考プロセスやロジックをまとめたもので、そのレポートを読めば最後に記されたシナリオのストーリーにどうやって行きついたのかを理解し、ワークショップを「疑似体験」することができる。
　このレポートには、「世の中」の変化動向のキーワードやドライビング・フォース、不確実性と確定的要素などが全てリストアップされ、ワークショップの経過がまとめられている。
　その思考プロセスを理解したうえで、他に考えられるドライビング・フォースやシナリオを考察していけば、より多くのメンバーの参加によってシナリオをつくっていることと実質的に同じになる。

　三つ目の「ドライビング・フォース・レポート」とは、前に述べた「トレンド・ブック」に近いものだ。「トレンド・ブック」との違いは、ワークショップで抽出されたドライビング・フォースごとに「世の中」の詳細が記されまとめられている点である。
　これらのドライビング・フォースを用いて、ミニ・シナリオ・ワークショップを実施すれば、シナリオ構築の簡略化されたプロセスを体験できるし、もしその結果、もともとのワークショップでつくられ提示されたシナリオの内容と異なるものが生まれたならば、「その新しいシナリオを追加すべきか」「これまでのシナリオとの違いは何なのか」などについて新たな対話を起こしていくことができる。
　その他、ストーリーだけでなく、ビデオなどのビジュアル・ツールを用いて「未来の世界」をわかりやすく伝える方法もある。

まとめ

　第5章では、第3章で解説した「組織の納得性を高める」ための方法論を、第4章で解説した「シナリオ・シンキング」のステップと合わせて解説した。ここに述べた事例は、あくまでも一般的なもので、プロジェクトの時間軸や予

算ごとにカスタマイズされるべきことは言うまでもない。しかし、「自らが学び、自ら考える」という組織学習プロセスが組織の環境認識力を高める、という点については、どのようなケースでも共通している。組織全体として、「どういう眼鏡で未来環境を見るか」という点が未来予測に増して重要なのだ。

Scenario Thinking

第6章 シナリオから戦略へ

> 思考とは、
> 行動の予行演習に他ならない。
> ——心理学者　ジクムント・フロイト

シナリオの視点で戦略を検討する

● 複眼思考と一貫性

個人のためであれ組織のためであれ、シナリオはあくまでも「『世の中』をより良く見る」ための手段である。手段を用いる目的は、「リスクを最小限に抑えて、より良い行動を起こすこと」に他ならない。

ただし、主観的な意志にひきずられた手前勝手な見方を持ち込まないようにするために、客観的に環境認識をすることから始めたわけである。そして、環境を認識し直した後、そこでの新たな発見を戦略やビジョンへと連鎖させ、それを実現するための実行策の遂行や組織の変革を成し遂げていく（図6-1）。

シナリオは複数ある。それゆえ、導かれる戦略も複数あるはずである。一方、どのようなシナリオであろうとも「共通して有効な戦略」もあるはずだ。その共通戦略が、例えば、当然取り組んでいないといけない「コストの削減」といったような陳腐なものでなく、言い換えれば「その戦略的重要性が高く、かつ

図6-1 ● シナリオから戦略へ

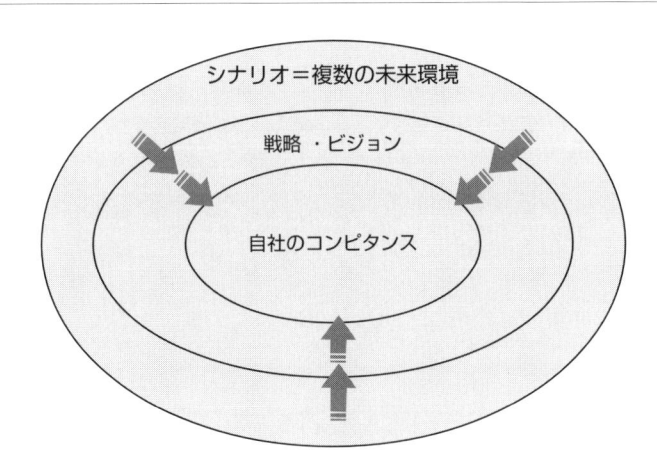

（シナリオ＝複数の未来環境／戦略・ビジョン／自社のコンピタンス）

©Greenfield Consulting, Inc.

図 6-2 ● 「シナリオから導かれる戦略」の評価マトリクス

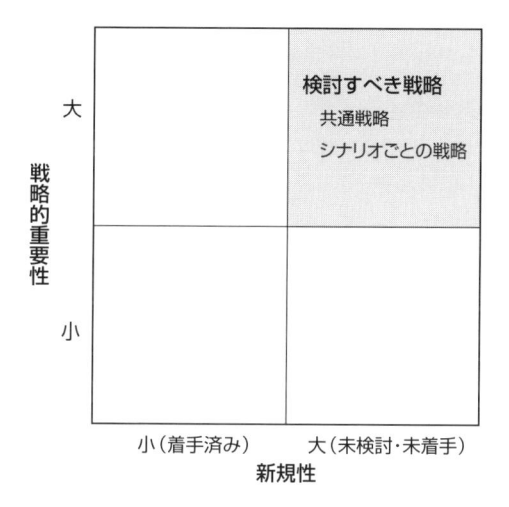

縦軸：戦略的重要性（小〜大）
横軸：新規性　小（着手済み）〜大（未検討・未着手）

右上の象限：**検討すべき戦略**
- 共通戦略
- シナリオごとの戦略

©Greenfield Consulting, Inc.

これまでに取り組んでいないような新規性が高いもの」であれば、真剣に検討するに値する。図6-2には、複数のシナリオから導かれる戦略についての考え方が示されている。

　図6-3は第1章で紹介した「パーソナル・ファイナンス市場シナリオ」（24ページ）から導かれた戦略をまとめたものである。それぞれのシナリオに対応した戦略と、どのシナリオにも共通した戦略（図の中央）が示されている。このケースでは、それぞれのシナリオに対応した「基本戦略」「KFS（成功の鍵となる要素）」「ターゲットとすべきセグメント」が明らかにされている。

　ここで図6-3に示された四つのシナリオを、いま一度振り返っておこう。「パーソナル・ファイナンス市場」の未来環境シナリオを考えるにあたり、その環境を大きく左右しそうな不確実性は、「世界経済の動向」と「消費者のパーソナル・ファイナンスについてのニーズ動向（ワンストップ・ショッピング志向かトランザクション志向か）」であった。その結果現れるシナリオはそれ

図 6-3 ● パーソナル・ファイナンス市場シナリオからの戦略への示唆

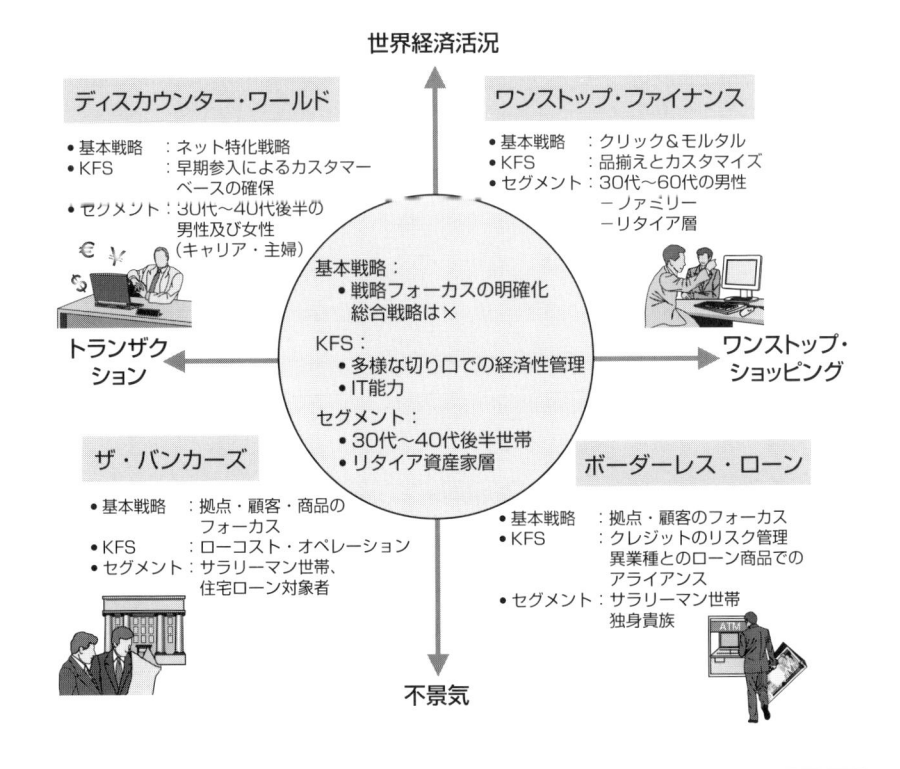

世界経済活況

ディスカウンター・ワールド
- 基本戦略　：ネット特化戦略
- KFS　　　：早期参入によるカスタマーベースの確保
- セグメント：30代～40代後半の男性及び女性（キャリア・主婦）

ワンストップ・ファイナンス
- 基本戦略　：クリック＆モルタル
- KFS　　　：品揃えとカスタマイズ
- セグメント：30代～60代の男性
　　　　　　　－ファミリー
　　　　　　　－リタイア層

トランザクション ←　　→ **ワンストップ・ショッピング**

中央：
基本戦略：
- 戦略フォーカスの明確化
- 総合戦略は×

KFS：
- 多様な切り口での経済性管理
- IT能力

セグメント：
- 30代～40代後半世帯
- リタイア資産家層

ザ・バンカーズ
- 基本戦略　：拠点・顧客・商品のフォーカス
- KFS　　　：ローコスト・オペレーション
- セグメント：サラリーマン世帯、住宅ローン対象者

ボーダーレス・ローン
- 基本戦略　：拠点・顧客のフォーカス
- KFS　　　：クレジットのリスク管理　異業種とのローン商品でのアライアンス
- セグメント：サラリーマン世帯　独身貴族

不景気

©Greenfield Consulting, Inc.

ぞれ次のようになる。

ディスカウンター・ワールド

- 世界経済は活況で、消費者のニーズ動向はトランザクション志向である。
- セキュリティ意識の高まりで金融機関を使い分けたい層が増える。また、インターネットでの取引が一般化する。経済活況であり教育投資も活発。「賢い消費者」が増加する。
- インターネット専門チャネルなどの新規参入が盛んになる。

ワンストップ・ファイナンス
- 世界経済は活況で、消費者のニーズ動向はワンストップ・ショッピング志向である。
- 余暇時間重視層が増えると同時に、セキュリティ問題も解決され「安心してまかせられる」事業者が増える。資産形成から運用までをアドバイスできるライフタイム(生涯)・ファイナンシャル・アドバイザーが増える。
- 顧客のブランド認知度を資産として、金融業界に新規参入する事業者が増える（消費財ブランド、エレクトロニクスブランドなどの金融サービス・ブランド化）。

ザ・バンカーズ
- 世界経済が回復しない中、消費者のニーズ動向はトランザクション志向である。
- 従来通りの「金融事業者・使い分け層」が維持される。市場のパイが縮小する中、市場セグメント内での事業淘汰が加速される。結果、金融業界は専門チャンネル毎にメガ・グループ化していく。
- 新規参入は大きく増えず、M&Aが盛んになる。

ボーダーレス・ローン
- 世界経済が回復しない中、消費者のニーズ動向はワンストップ・ショッピング志向である。
- 市場のパイは拡大しないが、「安心してまかせられる」事業者が増えたこともあり、口座の一括化の流れが加速している。
- また、預金性商品の購入や投資と借入商品（ローン）との垣根が低くなり、従来の銀行と消費者金融事業者とのアライアンスでローン商品が多様化している。

これらのシナリオに描かれた「世界」に身を置くと、そのシナリオで勝者になるための「取るべき戦略像」が自ずと明らかになる。

ディスカウンター・ワールド
- 基本戦略は「ネット特化戦略」である。新規参入が次々に起こることが想定されるため、早期参入による顧客認知の確保及び顧客の資産化が成功のための鍵となる。
- セキュリティ意識や教育に敏感な層、インターネット活用層がターゲット・セグメントである。

ワンストップ・ファイナンス
- 基本戦略は「店舗とネットの融合による『幅広い選択肢の提供』(クリック&モルタル型戦略)」である。品揃えを広く持つ一方で、ライフタイム・アドバイザーとして信頼されるためのカスタマイズ対応が必要となる。
- 資産の運用などに興味を持つ層や余裕資金を持つリタイア層がターゲット・セグメントの中心となる。

ザ・バンカーズ
- 縮小するパイの中で、拠点や顧客層、商品の観点での絞り込みと差別化が基本戦略として必要。
- 差別化すれば十分ではなく、オペレーション・コストの低位維持も必須となる。
- ターゲット・セグメントは従来層であるが、利幅の比較的高い住宅ローンなどを抱えた優良顧客層の確保が重要となる。

ボーダーレス・ローン
- 縮小するパイの中で、拠点や顧客の観点での絞り込みが必要。しかし、品揃えはできるだけ広く持つ必要があるローン商品が増えるため、貸し出しのリスク管理が重要になる。また異業種とのM&Aやアイランスも検討する必要がある。
- 借入れ意欲の旺盛な層がターゲット・セグメントの中心となる。

図6-4 ●「世の中」の変化動向から、複眼的に一貫性ある戦略を導き出す

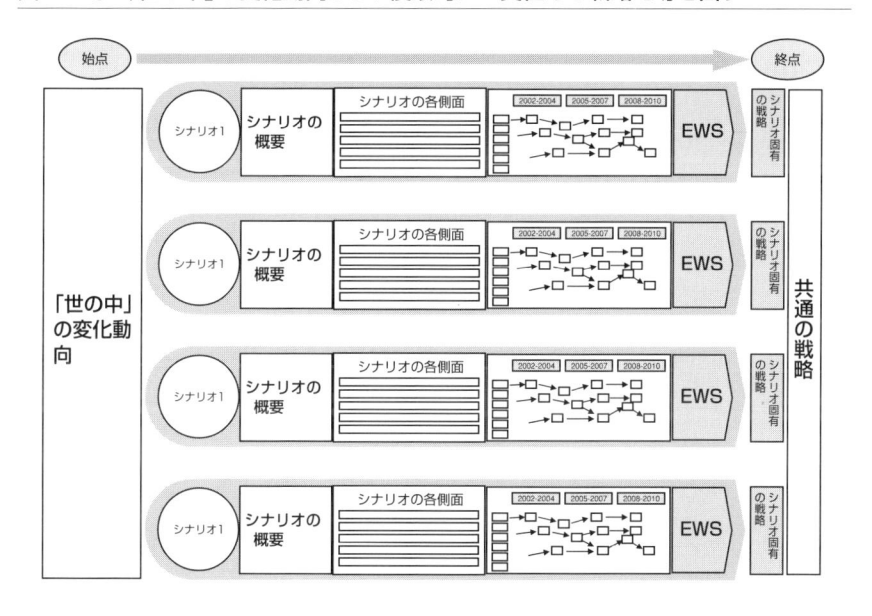

©Greenfield Consulting, Inc.

　これらの四つの戦略には共通して見られる特徴がある（図6-3の中央）。

四つのシナリオに共通した戦略

　どのシナリオになっても、単純な「総合戦略」は通用しない。戦略の明確化・差別化、ターゲット顧客の明確化などが必要である。

　どのような顧客にどのような商品を提供したら利益が出るのか、の経済性が多様な「切り口」で把握されなければならない。また、ウェブ活用などのＩＴ能力が組織スキルとして必要になる。

　共通しているターゲット・セグメントは、ファミリー世帯で資産形成時期にさしかかっている層、及び余裕資金を持つリタイヤ層である。

　どのような「切り口」で、戦略を検討するかは、目的によって異なる。マー

ケティング戦略であれば、「ターゲットセグメント」「4P（製品戦略・価格戦略・流通戦略・プロモーション戦略）」といった切り口になるだろうし、コーポレート戦略であれば、「グループ経営構造」「求められる人材像」「コンピタンス」などのマクロな切り口になるであろう。

　目的が何であれ、広い視野で「世の中」をながめることから始まったシナリオ策定は、途中、複眼的に複数のシナリオを考え、そこから一貫性ある形で導かれた戦略へと最終的に帰結する（図6-4）。

● プロジェクトの事例

　そのような戦略策の検討を、シナリオ策定に引き続いてプロジェクト化して行うことも当然考えられる。

　例えば、英国の航空会社ブリティッシュ・エアウェイズ（BA）では、景気循環に影響を受けやすい特徴を持ちつつ、グローバルな競争環境にさらされている航空業界に、「どのような未来が訪れる可能性があるのか」を探るべく、シナリオ・プランニングに取り組んだ。彼らのプロジェクトでは、図6-5にあるように、シナリオ策定に約半年近くをかけ、その後引き続いて戦略を策定した。[1]

　戦略策定のフェーズで行われた戦略ワークショップでは、シナリオからの示唆（機会や脅威）が抽出され、その後、現状の戦略の見直し案や新しい戦略案の抽出が行われた。次に、それらの案が評価され、最後に「新しいブリティッシュ・エアウェイズ」を目指すにあたって求められるコンピタンス（組織の中核能力）が明らかにされた。

　シナリオから導かれる戦略には、前述のように「どのシナリオが現れようとも活きるもの（共通の機会）」と「特定のシナリオでは機会となるが、他では意味をなさない、または脅威となりうるもの」がある。BAでは「ワイルド・ガーデン」と「ニュー・ストラクチャー」という二つのシナリオが描かれ、それぞれのシナリオが生み出す機会に対していくつかの戦略案が練り出された。

---

[1] *Scenario Planning: managing for the future*, Gill Ringland, John Wiley & Sons, 1998

図 6-5 ● ブリティッシュ・エアウェイズにおけるシナリオ・プランニング

背景
- 景気循環に影響を受けやすいビジネス
- グローバル・ビジネス
- 長期的視点を取ることの必要性
- シナリオ・プランニングを実施

シナリオの策定
目的：多様な視点で客観的に「起こりうる未来のストーリー」をつくりあげること

- **1994年2月**
  - スタッフからトップマネジメントへ提案・承認
  - 8名のチーム編成
- **3月**
  - 外部環境要因収集のための社内外インタビュー
    - 社内：40名
    - グループインタビュー：5回
    - 社外有識者
- **6月**
  - シナリオ策定ワークショップを開催
    - 8名のメンバー
    - 10年先のシナリオ
    - 二つのストーリー
- **7〜9月**
  - シナリオ・ストーリー・ライティング
    - 3名

シナリオを使った戦略の策定
目的：シナリオを共有化し、戦略案を抽出し議論すること

- **7月**
  - 戦略ワークショップ・デザイン開始
- **8〜9月**
  - ワークショップ・トレーニング実施
- **10月以降**
  - 28のワークショップ
  - 20のプレゼンテーション

年度経営計画の策定、各部門の戦略などへのガイドラインとなった

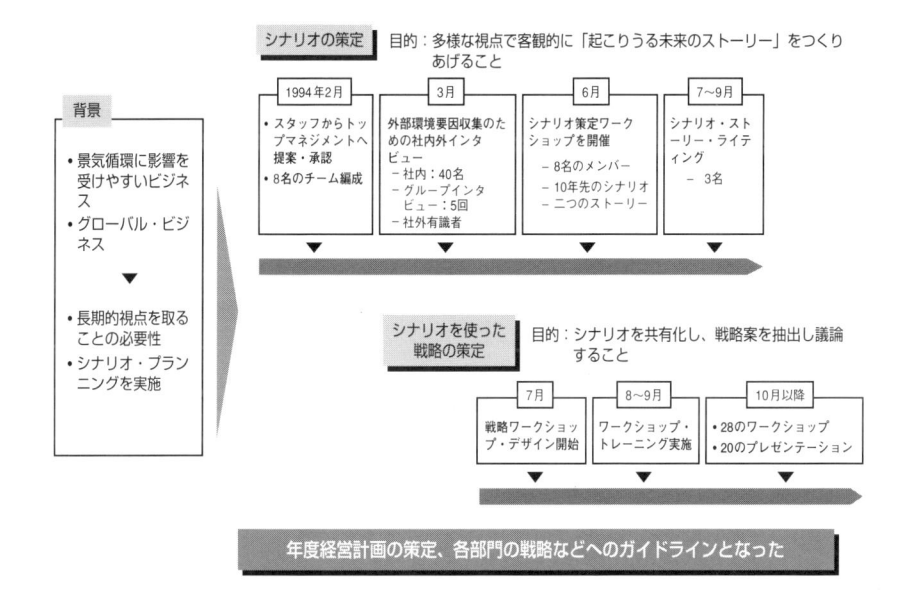

図 6-6 ● 二つのシナリオの概要：ブリティッシュ・エアウェイズの事例

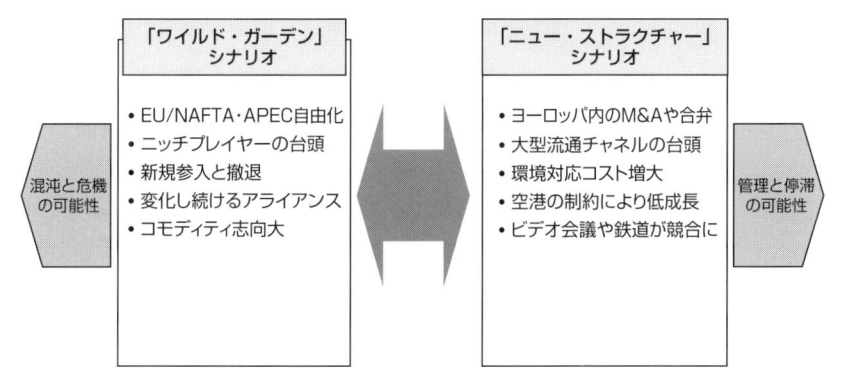

ガバナンスと成長に関する不確実性

「ワイルド・ガーデン」シナリオ	「ニュー・ストラクチャー」シナリオ
・EU/NAFTA・APEC自由化 ・ニッチプレイヤーの台頭 ・新規参入と撤退 ・変化し続けるアライアンス ・コモディティ志向大	・ヨーロッパ内のM&Aや合弁 ・大型流通チャネルの台頭 ・環境対応コスト増大 ・空港の制約により低成長 ・ビデオ会議や鉄道が競合に

混沌と危機の可能性 ／ 管理と停滞の可能性

出所：*Scenario Planning: managing for the future*, Gill Ringland, John Wiley John Wiley & Sons, 1998

©Greenfield Consulting, Inc.

図 6-7 ● シナリオの示す機会を活かす戦略案：ブリティッシュ・エアウェイズの事例

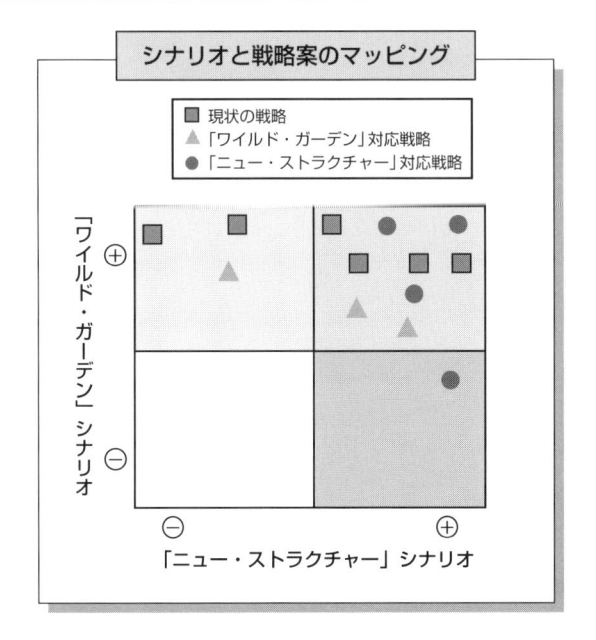

シナリオと戦略案のマッピング

- ■ 現状の戦略
- ▲ 「ワイルド・ガーデン」対応戦略
- ● 「ニュー・ストラクチャー」対応戦略

縦軸：「ワイルド・ガーデン」シナリオ
横軸：「ニュー・ストラクチャー」シナリオ

出所：*Scenario Planning: managing for the future*, Gill Ringland, John Wiley, 1998

©Greenfield Consulting, Inc.

戦略案の考え方について説明する前に、これら二つのシナリオの概要について説明しておこう（図6-6）。

BAのシナリオでは、「情報革命」、「新しい経済秩序」、「グローバル競争」、「新世代リーダー像」という四つのキー・ドライビング・フォースによって航空業界の未来が規定されると結論づけている。そして、業界のガバナンス構造と成長に関して、二つのシナリオの可能性を示唆している。

「ワイルド・ガーデン」シナリオは、「混沌と危機の可能性」で特徴づけられたシナリオである。そのストーリーは、「自由競争・市場主義が中心のパラダイムとなる中、途上国の経済成長もあって、航空業界では新規参入と撤退が繰り返され、ニッチプレイヤーが台頭し、企業間アライアンスは実現するものの

不安定な状態が続く。コスト競争が厳しくなった結果、エアラインという商品（提供価値）がコモディティ化していく」世界として描かれている。

一方、「ニュー・ストラクチャー」シナリオは、「管理と停滞の可能性」で特徴づけられている。そのストーリーは、「秩序と安定が志向され、長期的な視点でのインフラ投資も実行されるようになる。途上国やアジアの成長の不安定さに比べてヨーロッパの経済成長は順調で、ヨーロッパの航空業界ではM&Aや合弁が盛んになる。一方、環境コストが増大し、空港のキャパシティの制限によりエアライン業界は低成長を余儀なくされる。鉄道やビデオ会議がエアラインにとっての競合商品となる」世界として描かれている。

図6-7はこの二つのシナリオに対する戦略案をプロットしたものである。それぞれのシナリオでは機会（＋）になるように案出された戦略も、別のシナリオが現れた場合には脅威（－）となる可能性があることがわかる。どちらのシナリオが現れても有効策となりうる戦略案は、図6-7の右上セルの戦略案である。現状の四つの戦略案に加えて、新たに考えられた五つの戦略案が有効であることが示されている。これらは、シナリオ共通の戦略であり、どちらのシナリオに「世の中」が変化しようとも、今日から着々と準備を進めていけるものである。

競争優位を生み出す三つのフィット

戦略は外部環境から示唆されるが、それだけでは十分と言えない。その戦略を実行するためには、そのための能力を身につけていなければならない。つまり、外部環境（シナリオ）は戦略を通して、内部環境（自分自身や組織のコンピタンス）とも一貫性ある形で連鎖していなければならないのである。その連鎖がどこかで途切れると、戦略の実行にまで至らなくなる。このような連鎖をきっちりと保つには、大まかに言って三つのフィット（適合）を実現しなければならない（図6-8）。

一つ目は「環境と戦略のフィット」である。これは、これまで解説してきた「シナリオと戦略との一貫性」のことである。二つ目は「戦略と組織／コンピ

図 6-8 ● 競争優位を生み出す「三つのフィット」

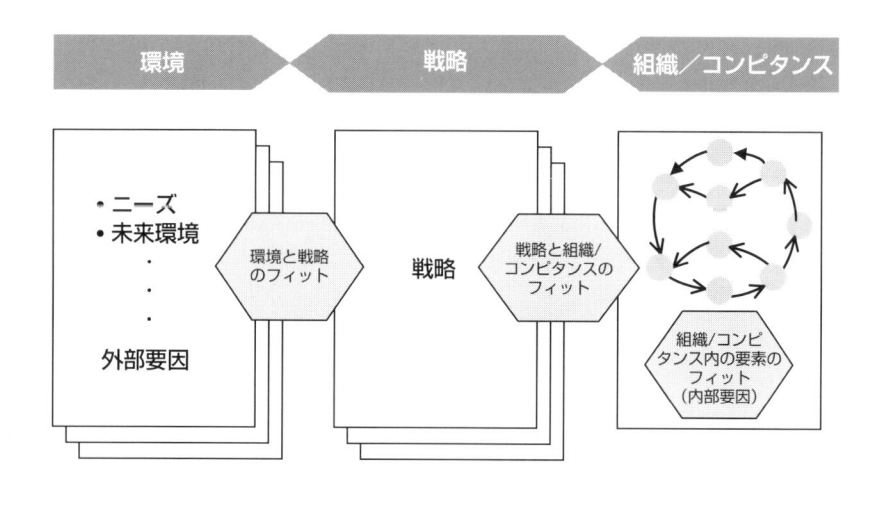

環境　　　　　戦略　　　　　組織／コンピタンス

- ニーズ
- 未来環境
    ⋮
- 外部要因

環境と戦略のフィット

戦略

戦略と組織／コンピタンスのフィット

組織／コンピタンス内の要素のフィット（内部要因）

©Greenfield Consulting, Inc.

タンスのフィット」である。そして三つ目は、「組織／コンピタンス内の要素間のフィット」である。[*2]

　二つ目の「戦略と組織／コンピタンス」のフィットの欠如は、戦略が「絵に描いた餅」となるケースでよく見られる。すなわち、外部環境から導かれた戦略は正しいのだが、戦略と組織の能力との乖離が大きく実行に至らないケースである（一つ目のフィットは保たれているが、二つ目のフィットができていない）。そのようなケースでは、環境とマッチした戦略を実行していくための「組織のコンピタンス（中核能力）」開発が必要となる。

　例えば、消費者向け商品の開発・マーケティングにあたって、最近では、「個」客をターゲットとした考え方が必要だと言われるようになった。いわゆ

[*2] 二つ目と三つ目のフィットについては、「戦略とは何か」（『競争戦略論Ⅱ』マイケル・ポーター著、竹内弘高訳、ダイヤモンド社、1999年）に詳しく述べられている。

る、カスタマイズ商品の開発・マーケティングである。しかし、規模の経済性の追求によるローコスト戦略を得意とするメーカーは、概してこの「カスタマイズ戦略」に弱い面がある。カスタマイズ戦略を実行するためには、「前線に意思決定権限を委譲しておく」か、「中央集権的にカスタマイズのルールを事前にデザインしておくか」のいずれかの方法で、現場での意思決定を柔軟かつ迅速に行わなければならない。

　しかし、ローコスト戦略を得意とするメーカーは、そのような権限委譲の経験がないことが多く、従来通りの社内ルールにのっとってカスタマイズ戦略を実行しがちである。これでは、カスタマイズ戦略のみにフォーカスし、そのためのコンピタンスを十分に持つ競合に太刀打ちすることは難しくなる。このような場合は、まず必要なコンピタンスが従来の自社のコンピタンスと異なることを認識し、新たなコンピタンスの開発・獲得を行う必要がある。

　三つ目の「組織／コンピタンス内の要素間のフィット」の欠如は、コンピタンスについての理解が十分でないケースで見られる。「外部環境から導かれた戦略に合わせて、コンピタンスを拡充し実行する」意欲は十分あるものの、そのコンピタンスの内容が「ちぐはぐ」で、結局、他社を凌駕するほどのレベルに至っていないケースである。

　今あげた「カスタマイズ戦略」の事例で言えば、「個」客の好みに合わせて無数の製品バリエーションを生産しうる生産ラインや「個」客情報を処理する情報システムは整備できたものの、事業の業績評価や個人評価などの経営管理制度の整備が不十分なケースがあげられる。例えば、業績評価が旧来通り売上額・利益額とその成長率のみであるような場合、現場では手間がかかる「カスタマイズ対応」に、長期的に真剣に取り組もうとする意欲は減衰していく可能性が高い。トップがいかに声高に「顧客重視・カスタマイズ対応」を標榜しても、その戦略をサポートするオペレーション体制や制度が不十分であれば、その戦略の実効性は低くなる。コンピタンスとはこのように、「個々の強み」ではなく、一つのシステムとしての強みのことであり、要素間のフィットが達成できなければ真の強みを発揮しないのである。

図6-9 ● 戦略と組織／コンピタンスのフィット:「オペレーションの卓越性」戦略を追求するための諸活動の一貫性

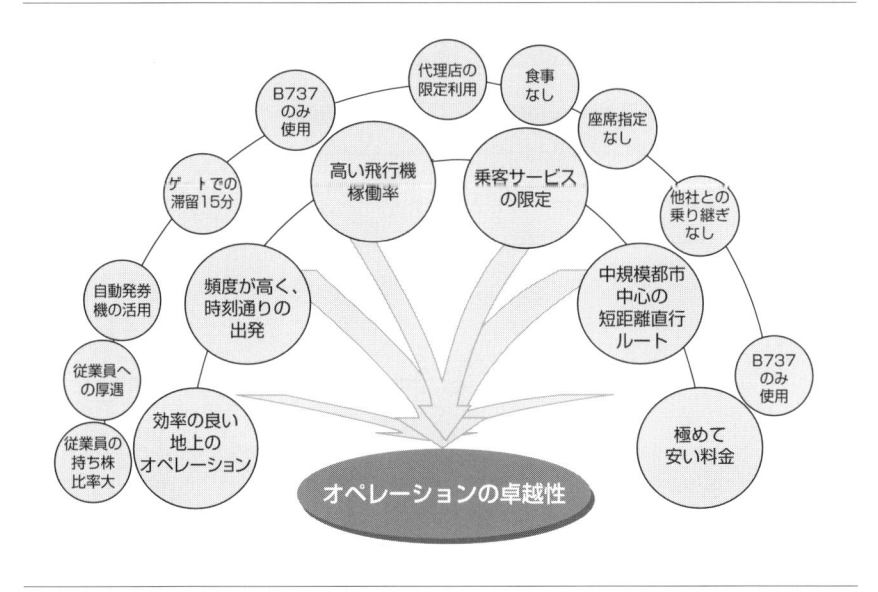

[図：「オペレーションの卓越性」を中心に、以下の活動要素が配置されている：代理店の限定利用／食事なし／B737のみ使用／座席指定なし／ゲートでの滞留15分／高い飛行機稼働率／乗客サービスの限定／他社との乗り継ぎなし／自動発券機の活用／頻度が高く、時刻通りの出発／中規模都市中心の短距離直行ルート／従業員への厚遇／効率の良い地上のオペレーション／B737のみ使用／従業員の持ち株比率大／極めて安い料金]

©Greenfield Consulting, Inc.

　米国の国内線エアラインの新たな旗手、サウスウエスト航空の事例は、三つのフィット全てが達成できた結果、競争優位が確立できることを教えてくれる。サウスウエスト航空は、ハブ・アンド・スポーク戦略とマイレッジによる顧客囲い込み戦略に明け暮れていたアメリカの航空業界にあって、「バスのように安価に手軽に飛行機を活用したい層」に着目し、「オペレーションの卓越性」をコアとする戦略を打ち出した（環境と戦略のフィット）。そして、図6-9にあるように、その戦略に沿って同社のさまざまな機能／活動を配置した（戦略と組織／コンピタンスのフィット）。

　しかも、それらの活動は図6-10に示すように、因果関係となってつながり合い強化しあって、一つのシステムを形成していた（組織／コンピタンス内の要素のフィット）。さまざまな活動が連鎖しあうと同時に、それらが「顧客満足」を生み、さらに「売上」「利益」「投資」へとつながって、成果と競争優位

図 6-10 ● 組織／コンピタンス内の要素間のフィット：サウスウエスト航空の コンピタンス・ループ

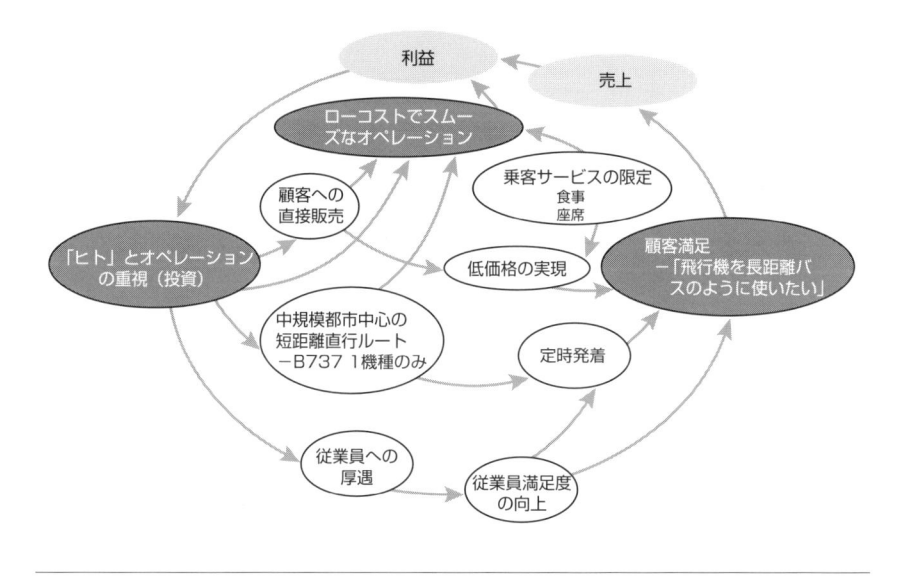

（図：利益、売上、ローコストでスムーズなオペレーション、顧客への直接販売、乗客サービスの限定 食事 座席、「ヒト」とオペレーションの重視（投資）、低価格の実現、顧客満足－「飛行機を長距離バスのように使いたい」、中規模都市中心の短距離直行ルート－B737 1機種のみ、定時発着、従業員への厚遇、従業員満足度の向上）

©Greenfield Consulting, Inc.

が確立された。第2章で解説した「自己強化的特質を持ったポジティブ・フィードバック・ループ」を形成していたのだ。従って、その一部だけを他社が真似しても、システムとしての強みを持ったコンピタンスが崩されることはなく、サウスウエスト航空の競争優位はなかなか揺らがなかったのである。

この一連のフィットについては、企業や組織に限った事ではなく、個人についても言えることである。第4章で考察した、「都心の住宅事情シナリオ」を思い出していただきたい。

それぞれのシナリオについての戦略と、シナリオ共通の戦略は図6-11のようになっていた。

この「戦略」を実行するにあたっては、「財力」は当然のことながら、「定量的シミュレーション能力」、「判断力」、「金利についての知識」などの知識や能力が必要となる。これらの「コンピタンス」が十分であればシナリオから導か

図 6-11 ● 「都心の住宅事情シナリオ」に関する戦略

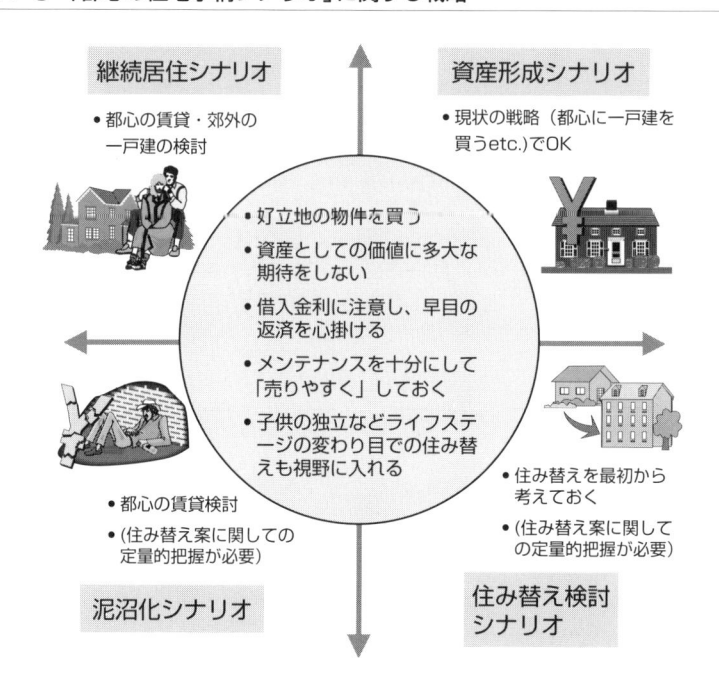

継続居住シナリオ
- 都心の賃貸・郊外の一戸建の検討

資産形成シナリオ
- 現状の戦略(都心に一戸建を買うetc.)でOK

中央:
- 好立地の物件を買う
- 資産としての価値に多大な期待をしない
- 借入金利に注意し、早目の返済を心掛ける
- メンテナンスを十分にして「売りやすく」しておく
- 子供の独立などライフステージの変わり目での住み替えも視野に入れる

泥沼化シナリオ
- 都心の賃貸検討
- (住み替え案に関しての定量的把握が必要)

住み替え検討シナリオ
- 住み替えを最初から考えておく
- (住み替え案に関しての定量的把握が必要)

©Greenfield Consulting, Inc.

れる戦略は実行可能であるが、もし、コンピタンスが不十分な場合には、実行までにつながらない「絵に描いた餅」で終わってしまう。

戦略からオペレーション及び日常活動へ

　それぞれのシナリオで勝者になるための戦略の姿が明らかになれば、自ずとその戦略を遂行するためのコンピタンスも明らかになる。
　その結果、図6-10で示したような「コンピタンス・ループ(コンピタンスのつながり)」が描ければ、必要となる活動の要素が見えてくるはずである。

図 6-12 ● 戦略を遂行するためのオペレーション・モデル

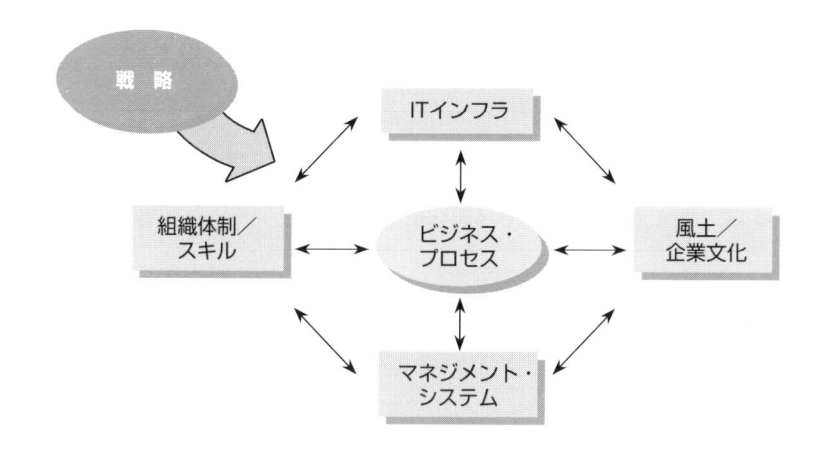

[図: 戦略 → ビジネス・プロセス を中心に、ITインフラ、組織体制/スキル、風土/企業文化、マネジメント・システムが相互に矢印で結ばれている]

©Greenfield Consulting, Inc.

　そのコンピタンスを組織内での日常的業務活動にまで連鎖させるためには、コンピタンスの各要素を「オペレーション・モデル」化し、一貫性ある形で、組織体制や個々人のスキルへと落とし込む必要がある。

　オペレーション・モデルの構成要素としては、図6-12にあるように、戦略を遂行するための「ビジネス・プロセス」がまず中心にあり、それを支える「組織体制／スキル」「風土／企業文化」「ITインフラ」、及び評価制度・報酬制度などを含む「マネジメント・システム」がある。[*3]

　また、それらの戦略やコンピタンスは「財務的・非財務的な業績指標をモニターする」ためのバランス・スコアカード[*4]へと落とし込むこともできよう。コンピタンス・ループ・モデルの「投資」「活動のコンピタンス要素」「顧客満

[*3] 『ナンバーワン企業の法則』M・トレーシー／F・ウィアセーマ著、大原進訳、日本経済新聞社、1995年
[*4] バランス・スコアカードとは、過去の実績を見る財務的評価指標と、将来の業績向上を導く非財務的評価指標をバランスさせる業績評価システムの考え方。「財務的視点」、「顧客の視点」、「社内ビジネス・プロセスの視点」、「学習と成長の視点」の四つの視点で評価する。それらの目標は、企業のビジョンと戦略から導かれる。「企業内に戦略を浸透させる」、「部門や個人の目標と戦略の整合性をとる」、「目標達成のための行動計画を明らかにする」などの目的で活用される。詳細は、『バランス・スコアカード』(ロバート・S・キャプラン／デビッド・P・ノートン著、吉川武男訳、生産性出版、1997年) を参照のこと。

図 6-13 ● コンピタンス・ループとバランス・スコアカードとの関係

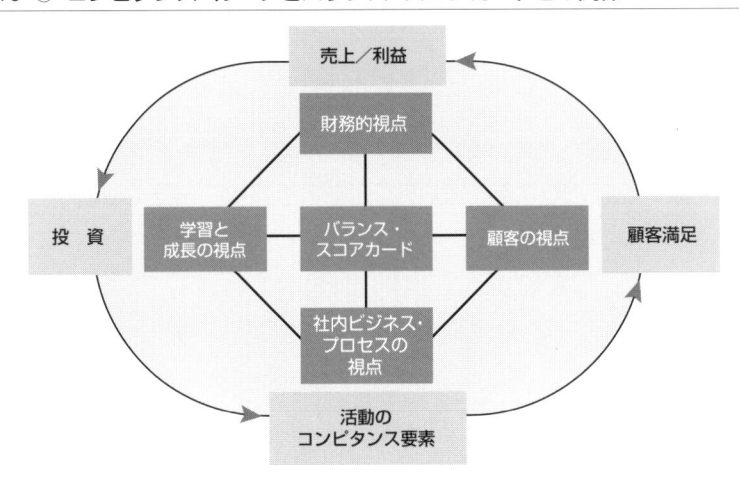

図 6-14 ● 「シナリオ―戦略―コンピタンス―オペレーション・モデル―日常活動」の連鎖

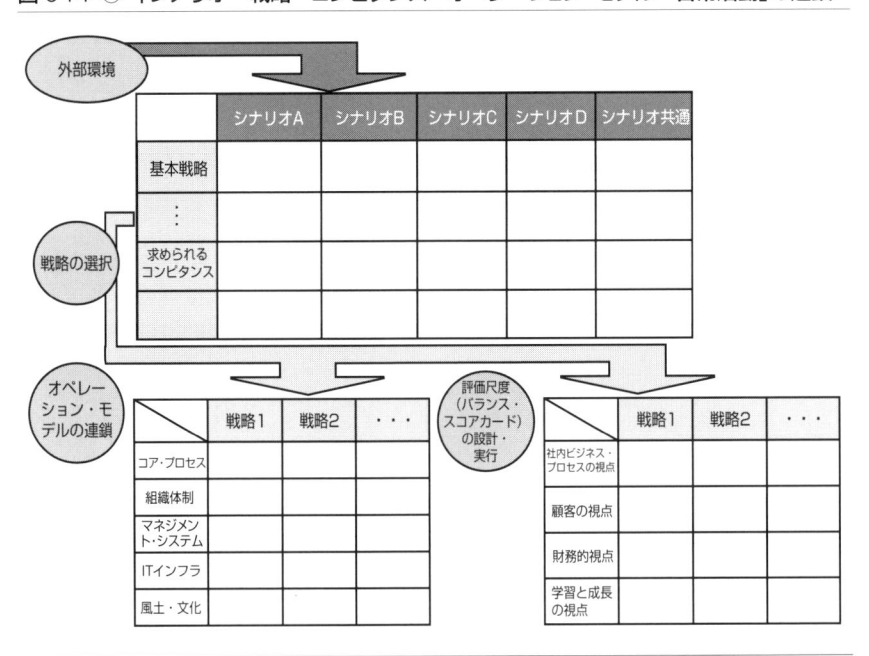

©Greenfield Consulting, Inc.

足」「売上／利益」という各要素は、それぞれ、バランス・スコアカードの「学習と成長の視点」「社内ビジネス・プロセスの視点」「顧客の視点」「財務的視点」と符合させて考えることができる（図6-13）。したがって、コンピタンス・ループ・モデルに現れた要素を、バランス・スコアカードの要素として扱い、その実行度合いを日常の業務活動の中で、モニターし管理していくことができるのである。

図6-14に示されるような「全体の連鎖」を図ることで、シナリオから日常活動までの一貫性を保った戦略実行が可能となる。これらの連鎖を、外部環境の変化が顕在化する前に、「事前に準備できるか否か」及び「一貫性を持ちつつ機敏に変化対応できるか否か」が、企業の生死を決する時代になってきたのである。

まとめ

外部環境からシナリオを描き出し、戦略とコンピタンスを準備し、日常の業務活動にまで落とし込んでいく。この一連の作業は、外部環境が変化するたびに、やり直さなければならない。「変化が速いこの時代にそんな時間と労力をかけて、それに見合う価値があるのだろうか」と思われる読者もいるかもしれない。

しかし、この一連の作業のスピードは「学習スピード」でもある。一度体験しておけば、二度目以降は加速度的に速くなる。「時間がかかるからといって、いつまでもためらっていたり、試行錯誤の中で何度も戦略をやり直したりする」くらいであれば、日常活動にかける時間を多少削ってでも「シナリオ―戦略―行動」の一連の思考サイクルに取り掛かる意味があるだろう。初めにかけた時間は、後になって必ずそれ以上の価値を生む。

これは、企業だけでなく、個人にとっても言えることである。個人の生活環境やキャリアに関する不透明感・不確実性が増す中、多少の時間を削って「そもそも今起きている変化は、将来どのような姿になるのだろうか。それは、自分の将来にどのようなインパクトを及ぼすのであろうか」を考え、未来に向け

たより良い準備をしておくことは非常に重要である。

　シナリオは、序章でも述べたように、「どういう未来が来るのかを予測する」のではなく、「起きる可能性のある未来が実際に起こったらどうするのかを考える」ためのツールである。そして、未来が訪れてから漫然と対処するのではなく、今、未来を体感し、今、行動を起こしていただきたい。そのために、まず「認識する」こと。それが、シナリオ・シンキングの根幹である。

Scenario Thinking

付章

ファシリテーションと
プレゼンテーションの技術

ファシリテーションのプロセス

ファシリテーターはワークショップという「場」を運営する。そのため、効果的な運営方法についても理解しておく必要がある。

◉「場」の設定

全員が共通の目的を持ち学びあう場において、「対立しあう」形で座ることは望ましくない。「対話」ではなく、相手を論破する「討論」を誘発しやすくなるからである。対話を実践するためには、全員が「意見の載ったテーブル」である模造紙やホワイトボードに向かって座ることが重要である。

◉ ファシリテーションのコツ

「対話」がうまく進むように、参加者の発言の合間にうまく「投げかけ」をす

インタラクティブな対話を活性化させるための「場」の設定

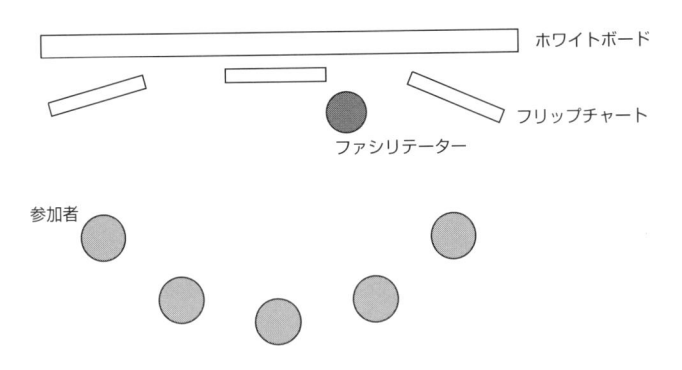

- 参加者全員からフリップチャートやホワイトボードが見えることを確認する
- 部屋の空調や温度設定が適切かどうか確認する
- 部屋の照明が適切かどうか確認する(自然光に近いほうが望ましい)
- 余分な机や椅子は部屋の隅に寄せる
- 参加者がファシリテーターから遠すぎないように席を設定する

©Greenfield Consulting, Inc.

ることが必要となる。また、参加者の発言に肯定的な態度を保ち、いくつかの異なる意見が出た場合には、その類似点や相違点をまとめつつ、それらの意見については自分でコメントするのではなく「反響板」になったつもりで、別の参加者に問いかけてみる。ファシリテーターはプロセスにフォーカスし、基本的にアイデア・意見に対しては中立的な態度を保つ。しかし、自分の経験から意見や代案を表明することもある。その場合には、ファシリテーターとしての立場で発言しているのではないことを明確に伝える必要がある。

プロセスをマネジメントするのがファシリテーターの役割であるから、以下のことを実践する必要がある。

- 「対話のスタート」を明確にする
- 対話が活性化し続けるように発言する――（例）「他にアイデアはありませんか？」
- 参加者の発言に肯定的な態度を保つ――（例）「それは面白い視点ですね」
- 書き取りやすいように、発言をリピートする
- 複数の会話が同時進行しないようにする
- ボディランゲージを使って対話のスピードを調節する

ファシリテートするための「投げかけ」

議題設定	アイデア抽出	アイデア評価	合意形成・意思決定
●今日、対話すべき課題は何でしょうか ●それぞれの時間はこれでよろしいでしょうか ●他に大事な点はありませんか ●これで大体カバーできましたか	●正解はないので、できるだけたくさんのアイデアを出しましょう ●良い/悪いなどの評価は後で行います ●他の方のアイデアを参考にしてみましょう ●内容の理解のための質問があれば、どうぞ	●アイデアを評価するための基準について何か意見はありませんか ●評価基準をリストアップしてみましょう	●皆さんの意見が大体まとまってきましたが、これでよろしいですか

©Greenfield Consulting, Inc.

- 「グループ・メモリー」をうまく活用する──（例）「先ほど議論したことは……」
- 次ステップに進む際には、合意を確認する──（例）「それでは、これでよろしいですか？」

◉ グループ・メモリー

　アイデア・意見の発言を書き留めたり、付箋などをうまくまとめたりすることもファシリテーターの役割である。長時間にわたるワークショップの場合には、ホワイトボード1枚では書き留めるスペースが足りない場合があるので、複数のホワイトボードを用意したり、模造紙やフリップチャートを使って記録をとっていく。

　この記録は対話・議論が紛糾した場合にも有効に使える。これまでの発言記録を振り返ることで、議論の軌道修正を図ることが可能になるからである。この記録は、「グループ・メモリー」として後々の「組織の記憶」を構築していくうえでの基礎となる。

　また、次の図のような具体的な記録上のコツもある。

記録の仕方のノウハウ

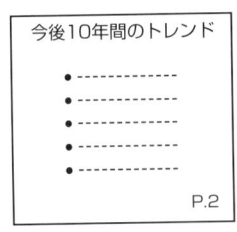

題名と番号をすべてのフリップチャートにつける

強調する箇所は点やアステリスクを使う

- ペンの色を使い分ける
  - 黒、青、緑、紫がベスト
  - 強調のために、赤、オレンジ
- アジェンダ（議題）とそれまでの記録は皆が見える位置に掲示する
- 張り出すためのテープやその他の備品は事前に準備しておく

©Greenfield Consulting, Inc.

プレゼンテーションをストーリー性あるものにする

　シナリオを印刷物として、多くの人に配布する場合、ストーリーは有効なコミュニケーション手段となる。しかし、多くの人々の前で発表するような場合はどうだろうか。第3章で引用したリンカーン大統領のような名演説を常に準備するのは時間的・能力的にあまり現実的ではないだろう。そうなると、やはりプレゼンテーションソフトを活用し、ビジュアル（絵やグラフ）を使ってわかりやすく伝えていくしかない。この時にも、前に述べた箇条書きの欠点（話の一貫性・ストーリー性や考え方の前提の欠如）が生まれないようにする配慮がもちろん必要となる。

◉ 聞く人の認知限界に配慮する

　「人間が記憶できる要素の数は7個程度である」ことは前に述べた通りであ

キーメッセージが簡潔であり、全体が「15秒」以内で理解できる内容になっていることが重要である

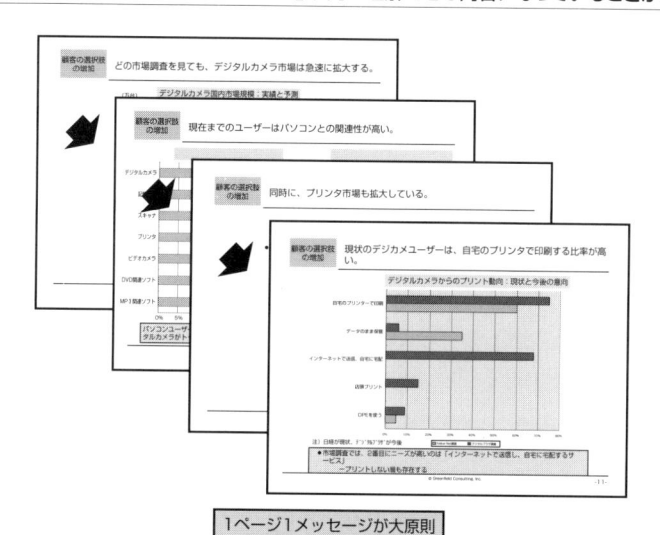

1ページ1メッセージが大原則

©Greenfield Consulting, Inc.

る。この七つは正確には、「七つのかたまり（チャンク）」という意味で、多くの要素であっても論理がしっかりしていて七つ程度にまでまとめられていれば、覚えることができるということになる。

　もう一つは、人間の記憶時間に関わるものである。人間は見たもの、聞いたものを記憶する時、いったん、短期記憶として、脳内の短期貯蔵庫（STS）に格納するが、この保持時間は15〜30秒程度と言われている。[*] 筆者はこの15秒というのが、プレゼンテーションを行う場合の鍵ではないかと思っている。プレゼンテーション作成ソフトを使ってスライドを作成する場合、「15秒以内でそのページの言いたいことがわかるようにする」ということだ。1ページを説明するのにはもちろん15秒以上必要かもしれない。しかし、聞き手（この場合は、スライドの読み手）が、説明者の話を全て聞かずとも、そのページの意味をだいたい15秒以内くらいでつかめる程度のシンプルさが各ページに求められると思うのである。各ページの中身が複雑であれば、そのページで言いたいことの「キーメッセージ」を1〜2行、ヘッダーに示せばよい（TVコマーシャルの1単位が15秒というのも、この理にかなっていると思う）。

● プレゼンテーションをストーリー化する

　そして、そのスライドのキーメッセージが一つのストーリーとしてつながっ

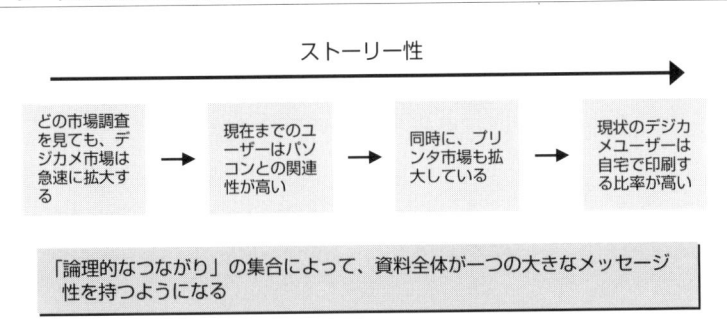

ストーリー性が最も重要である

ストーリー性 →

| どの市場調査を見ても、デジカメ市場は急速に拡大する | → | 現在までのユーザーはパソコンとの関連性が高い | → | 同時に、プリンタ市場も拡大している | → | 現状のデジカメユーザーは自宅で印刷する比率が高い |

「論理的なつながり」の集合によって、資料全体が一つの大きなメッセージ性を持つようになる

©Greenfield Consulting, Inc.

[*]『グラフィック認知心理学』森敏明他著、サイエンス社、1995年

複雑な論理構成では、全体のなかでの位置づけを明確にする

例1

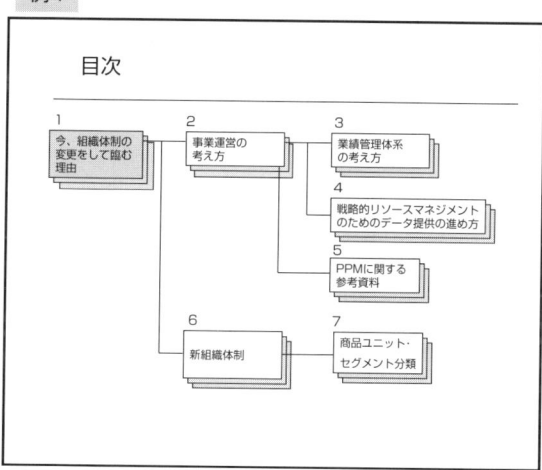

目次

1. 今、組織体制の変更をして臨む理由
2. 事業運営の考え方
3. 業績管理体系の考え方
4. 戦略的リソースマネジメントのためのデータ提供の進め方
5. PPMに関する参考資料
6. 新組織体制
7. 商品ユニット・セグメント分類

例2

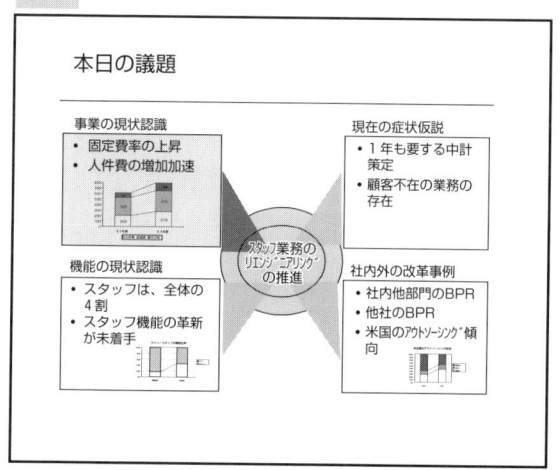

本日の議題

- 事業の現状認識
  - 固定費率の上昇
  - 人件費の増加加速
- 現在の症状仮説
  - 1年も要する中計策定
  - 顧客不在の業務の存在
- 機能の現状認識
  - スタッフは、全体の4割
  - スタッフ機能の革新が未着手
- 社内外の改革事例
  - 社内他部門のBPR
  - 他社のBPR
  - 米国のアウトソーシング傾向

中央: スタッフ業務のリエンジニアリングの推進

まず、全体の論理構成を先に示し、常に「どの話をしているのか」を明らかにする
章が変わるごとに、「網掛け」などを使って論点が変わることを確認していく

©Greenfield Consulting, Inc.

アイコンを活用し、ストーリー（この場合は好循環）を図示する

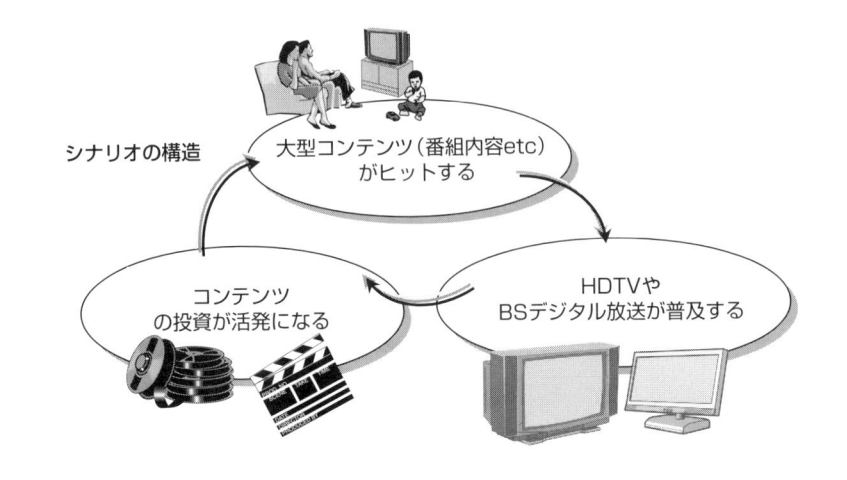

シナリオの構造

- 大型コンテンツ（番組内容etc）がヒットする
- HDTVやBSデジタル放送が普及する
- コンテンツの投資が活発になる

©Greenfield Consulting, Inc.

ていれば、ストーリーの効果とプレゼンテーションソフトの効果の両方を追求できるのである。

　また、論理構成が複雑になるようであれば「七つの記憶限界」に配慮し、いくつかのかたまりとしてまとめる努力も必要になるし、ストーリー全体の構造をアイコンなどを使って図示することにより、わかりやすくする方法も考えられる。

　従って、このようなプレゼンテーション用のスライドを準備する際には、まず「自分の言いたいこと（メッセージ）」を明確にし、ストーリーをつくることが重要である。つまり、論理構築力が鍵なのであって、絵のうまさや見せ方だけの問題ではないのだ。まして、プレゼンテーション作成ソフトが便利だからといって、いきなりパソコンの前に座って箇条書きを始めるのが得策ではないことはおわかりだろう。

まとめ

　ファシリテーションやプレゼンテーションのコツと聞くと、通常は「話す力」のことが思い浮かぶかもしれない。しかし、この章で述べたことは、「話す力」と「聞く力」が表裏一体となっているということであり、「聞く力」に配慮した話し方が重要だということである。

　ファシリテーションについて言えば、大勢の参加者の前で話をするファシリテーターには当然、話す力が求められる。しかし、対話の場を円滑に進めるという点においては、聞く力のほうがより重要になる。「ワークショップ参加者の発言を引き出し、その真意をつかみ、それを他の人に投げかける」という一連の作業は、聞く力がないとできないことである。こうした作業を通じ、ファシリテーターは、その場の文脈（コンテクスト）を構築していく。文脈を理解できずに対話についていけない参加者がいたとしたら、それは聞き手自身（参加者）だけの責任ではなく、聞き手に配慮しなかったファシリテーターの責任でもある。

　ファシリテーターには、聞き手の負担を軽減するような「触媒」としての役割が求められるのだ。また、発言を書きとめ「グループ・メモリー」をつくっていくのも、聞き手の負担を少なくし、対話を活性化させるために他ならない。

　この視点は、プレゼンテーションについても同様である。プレゼンテーションの技術というと、つい「話す力」に力点を置きがちになるが、ここでも聞き手に配慮したプレゼンテーション力が重要になる。プレゼンテーションの究極の目的は「聞き手に理解してもらうこと」である。そのためには、プレゼンテーション自体を理解してもらえるようわかりやすくする必要がある。

　聞き手に配慮し、プレゼンテーションを「わかりやすく」するためには、話のストーリーに「シンプルさ」と「ロジカルさ」が存在していなければならない。ものごとがシンプルに示され、そこに一連のロジックが存在していれば、それは聞き手にとってわかりやすいものだからだ。

シナリオや戦略に限らず、マネジメント全般の事象は、非常に複雑な様相を呈するものである。実際、それらの事象はさまざまな領域に横断的に存在しており、かつそれが複雑に絡み合っている。しかし、そのような「複雑な世界」を自分なりにシンプル化して理解し、そこにロジックを見出さなければ、他人に伝えていくことはできないし、議論を巻き起こしていくこともできないのである。

　シンプルなロジックを見出し聞き手に配慮すること、それが良いファシリテーションとプレゼンテーションのコツである。

あとがき

「シナリオ」や「シナリオ・プランニング」という言葉は決して目新しいものではない。日本に初めて紹介されたのは、1970年代である。しかし、80年代の好景気や企業の好業績の陰に隠れて、長い間注目されることがなかった。バブルがはじけ「不確実性がもたらす影響の大きさ・深刻さ」が真に理解されるようになった今日、単なる「予測」を超えたこの思考法にようやく関心が集まるようになってきた。

昨今の不確実性は、企業経営だけでなく、我々の生活そのものにも影響を及ぼすようになっている。外部環境の不確実性に対する我々自身の「モノの見方」や意思決定の結果が、自らの生活の行く末を決めるような時代になったのだ。

不確実性に正面から向き合い対処せざるをえない時代になった――これが、今という時代に対する私の正直な感想である。このような時代にあっても、「自分はハイリスク・ハイリターンを好む」という読者もいるかもしれない。しかし、単に「清水の舞台から飛び降りる」ような意思決定を好むのであれば、それはリスク選好についての話であって、リスクをマネジメントできているわけではない。

未来が不確実な中で、そのリスクをマネジメントしようと思えば、「できるだけ自分の選択肢を広げる方向に意思決定をする」のが鉄則である。そして、どのような選択肢があるのかを知るために、事前に外部環境を分析しておく必要がある。「清水の舞台から飛び降りる」にあたって、地面が濡れていた場合や突風が吹いた場合の準備を怠るなということである。そのような、不確実な外部環境に起こりうる「いくつかの場合」がシナリオである。本書では、このシナリオについての考え方を思考法という視点で解説している。

「シナリオ・プランニングの方法論や進め方は、MBAコースで学ばれたのですか」――このような質問を、シナリオ・ワークショップの参加者から受けることがある。私が90年代初頭に学んだMBAカリキュラムでは、シナリオに

ついて教えるクラスはなかったし、「シナリオ・プランニング」という言葉もテキストには表れなかった。私が調べた限りでは、アメリカのビジネス・スクールでも、今なおシナリオ・プランニングは、意思決定論の授業で一部紹介されるか、外部環境分析の方法論として一部紹介されるにとどまっている。

シナリオ・プランニングは、なぜ戦略論や金融論などの「確立した学問領域」となっていないのだろうか。

一つ目の理由として、シナリオ・プランニングの考え方が、多岐にわたる複数の学問領域をその基盤としている点があげられるだろう。戦略論的な視点では、これは戦略策定の前段階、すなわち外部環境分析についての考え方である。実際、ハーバード・ビジネス・スクールのマイケル・ポーター教授が築いた業界構造分析のフレームワークの中で、シナリオが取り扱われることがある。また、意思決定論的な視点では、「不確実性下での意思決定」のアプローチの一つであるし、統計学では、長期予測の方法論の一つとして紹介されている。組織行動論とも関係が深く、組織の心理学や人間関係論の要素も含まれている。

二つ目の理由として、シナリオ・プランニングが非常にソフトな方法論だという点があげられる。定量的な分析が中心ではなく、因果思考やシステム思考などの定性的思考法をベースとしている。また、純粋な予測とは異なって、意思決定者の心理も考慮に入れる。数値の分析が好きなMBAの学生からは、あまり好まれるタイプの学問ではないかもしれない。

三つ目の理由として、シナリオをつくるプロセスにおいては、「議論を円滑に進めるための方法論――ファシリテーション」が必要であり、これも座学で学ぶには適さないという点があげられる。

このように考えると、シナリオ・プランニングは、昨今欧米のMBAカリキュラムで取り入れるようになってきた、チーム学習や「学際」的授業の「より進んだ実践編」と位置づけられるのではないか。学校で教えられることは多くないかもしれないが、欧米の企業経営の現場ではシナリオ・プランニングの方法論は実際かなり広く普及している。そのような意味でこの方法論は、企業経営の現場で育てられた「実学」だと言えよう。

本書を執筆するにあたり、私はそのような「実学」を、多少の論理性と自分なりのコンサルティング経験からの事例を用いて解説するように試みたつもりである。MBAでは学ぶことのなかった「シナリオ」について、戦略コンサルティングを実施する過程で興味を抱き、自分なりに解釈・研究してきた。また、実際のコンサルティングにおいてシナリオ・プランニングのコンサルティングに取り組み、数十の業界のシナリオ・プロジェクトを指導・支援する機会にも恵まれた。さらに、1998年に訳出した*Scenarios*（邦題『シナリオ・プランニング――戦略的思考と意思決定』ダイヤモンド社）の著者であるストラスクライド大学のキース・ヴァン・デル・ハイデン教授と出会い、直接教えを受けたことも幸運であった。

　この*Scenarios*と同氏の最近の著作である*The Sixth Sense*（邦題『入門シナリオ・プランニング――ゼロベース発想の意思決定ツール』ダイヤモンド社）からは、本書を執筆するにあたって多くの知的刺激と示唆を受けたことを記しておきたい。これらの2冊が企業経営にあたるプロフェッショナルに向けて書かれているものだとしたら、本書はそれらの層を含む一般読者に向けて書かれたものである。本書が、読者の皆さんがシナリオの思考法を身につけ、より良い意思決定ができるようになる際の一助となることを願っている。

　本書の執筆の作業は、ミシガン・マネジメント・シリーズの翻訳書を手掛ける過程で、ハーバード・ビジネス・レビュー編集部・副編集長の岩佐文夫さんと出会ったことから始まった。シナリオについての考えをまとめたいとの私の相談に対して、同氏からは貴重なアドバイスを受け、また、出版事業局の佐藤和子副編集長をご紹介いただいた。佐藤さんは、つい遅れがちで難解になりがちであった原稿を、読者の視点でわかりやすく編集してくださった。弊社の鶴田尚美さんには、原稿チェックや資料収集、原典の確認など非常に手間のかかる作業をお願いした。これらの方々のご協力がなければ本書は実現しなかったであろう。この場を借りて、その熱意とご尽力にお礼を申し上げたい。

2003年5月　　　　　　　　　　　　　　　　　　　　　　　　　　西村　行功

著者紹介

西村 行功（にしむら・みちなり）

株式会社 グリーンフィールド コンサルティング代表取締役。
1963年、長崎県生まれ。一橋大学商学部卒業後、オムロン株式会社にてマーケティング戦略および全社経営戦略の策定に従事。ミシガン大学経営大学院修士課程修了後（MBA with Distinction）、戦略コンサルティングのコーポレイト・ディレクションおよびリエンジニアリング・コンサルティングのCSC Index（サンフランシスコ事務所）を経て、株式会社 グリーンフィールド コンサルティングを設立。
シナリオ・プランニング、中期事業戦略、新規事業・新商品開発戦略、企業変革、人材育成などの分野を中心に活動している。シナリオや戦略について議論し対話型で検討する「ワークショップ」を中心に、「企業自らが考えること」を支援する「プロセス・コンサルティング」を実践している。特に、外部環境認識ツールとしてのシナリオ・プランニングでは、90以上のプロジェクトに参加。プロフェッショナル・ファシリテーターとして、これまでに2000人を超える参加者と「対話」した実績を持つ。
著書に『戦略思考のフレームワーク』（東洋経済新報社）、『知りたいことは「面」に聞け！』『【日経文庫】システム・シンキング入門』（以上、日本経済新聞出版社）、訳書に『シナリオ・プランニング――戦略的思考と意思決定』『入門シナリオ・プランニング――ゼロベース発想の意思決定ツール』『カスタマー・バリュー』『不確実性のマネジメント』（以上、ダイヤモンド社）がある。寄稿に「企業の自己革新におけるシナリオ創発――シナリオプランニング」（人工知能学会誌）など多数。
e-mail: admin@greenfield-japan.com　URL: http://www.greenfield-japan.com

---

シナリオ・シンキング
不確実な未来への「構え」を創る思考法

2003年 5月29日　第1刷発行
2010年 3月29日　第4刷発行

著者／西村 行功

装丁／布施育哉

製作・進行／ダイヤモンド・グラフィック社

印刷／八光印刷（本文）・慶昌堂印刷（カバー）

製本／宮本製本所

発行所／ダイヤモンド社
〒150-8409　東京都渋谷区神宮前6-12-17
http://www.diamond.co.jp/
電話／03・5778・7232（編集）　03・5778・7240（販売）

©2003 Michinari Nishimura
ISBN 4-478-49040-6
落丁・乱丁本はお取替えいたします
Printed in Japan

◆ダイヤモンド社の本◆

シナリオ・プランニング
「戦略的思考と意思決定」

キース・ヴァン・デル・ハイデン［著］
株式会社グロービス［監訳］　西村行功［訳］

欧米企業で注目を浴びている経営技術、シナリオ・プランニングを、実際にロイヤル・ダッチ・シェルで用いて成功させた第一人者が体系的に解説。経済合理性、進化論、プロセス思考を統合したユニークな戦略論。

●A5判上製●定価2940円（税5％）

入門シナリオ・プランニング
「ゼロベース発想の意思決ツール」

キース・ヴァン・デル・ハイデン／ロン・ブラッドフィールド／ジョージ・バート／ジョージ・ケアンズ／ジョージ・ライト［著］　西村行功［訳］

個人と組織の思考の限界を克服し、戦略の有効性を最大化するシナリオ・プランニング。その原理から実践法までを網羅した決定版！

●A5判上製●定価2940円（税5％）

新版 考える技術・書く技術
問題解決力を伸ばすピラミッド原則

バーバラ・ミント［著］　グロービス・マネジメント・インスティテュート［監修］　山崎康司［訳］

米国一流コンサルティング会社の基礎コンセプト、「ピラミッド原則」によってビジネス・ライティングの基本を教えるロングセラー。問題解決やプレゼンの技術を磨くためのノウハウも詳しく解説。

●A5判上製●定価2940円（税5％）

http://www.diamond.co.jp/